Jens Jacobsen

Weg mit der Wühlmaus

Störenfriede und Schädlinge vertreiben

45 Farbfotos
6 Zeichnungen

Ulmer

Inhalt

Kapitel 1

6 Störenfriede unter den Vögeln

Es gehört zum Kreislauf der Natur, dass die Eier von Singvögeln räuberischen Tieren zum Opfer fallen. Um brütende Vögel besser schützen zu können, lernen Sie in diesem Kapitel nicht nur bekannte Nesträuber wie Elstern und Krähen kennen, sondern auch andere Tiere, die sich von Eiern und jungen Vögeln ernähren.

Kapitel 2

16 Störenfriede unter den Säugetieren

Während manche Maulwurfshügel dulden, besteht beim Auftreten von Bisam, Wühl- und Feldmäusen Handlungsbedarf. In diesem Kapitel erfahren Sie, wie Sie felltragende Störenfriede wieder los werden.

Kapitel 3

64 Störenfriede unter den Insekten

Wespen und Stechmücken können Ihnen gemütliche Mahlzeiten und abendliche Partys auf der Terrasse gehörig verderben, während Ameisen Boden- und Wegbeläge zum Einstürzen bringen können. Wie diese störenden Insekten leben und wie Sie sie vertreiben können, lesen Sie in diesem Kapitel.

Kapitel 4

81 Störenfriede Schnecken

Nackt- und Gehäuseschnecken machen sich über Salate, Gemüse und Blumen her. Welche Schnecken Sie am häufigsten antreffen und wie Sie sie bekämpfen können, beschreibt dieses Kapitel.

Service

Liebe Leser,

vielleicht fragen Sie sich, warum noch ein Buch über Gartenschädlinge, wie man die ungebetenen Besucher ja auch nennen kann? Weil ich in diesem Buch einige Störenfriede unter den Tieren ansprechen möchte, die Sie gewöhnlich nicht in Büchern über Gartenschädlinge finden können. So stelle ich Ihnen neben fremden Katzen im Garten und Hunden, die an den Gartenzaun „pinkeln", auch Füchse, Steinmarder, Bisam, Elstern und Krähen vor, zudem Möglichkeiten, wie Sie diese ungeliebten Tiere aus Ihrem Garten vertreiben oder sich ein Stück weit mit ihnen arrangieren können. Auch auf „alte Bekannte" wie Maulwurf und Wühlmaus möchte ich nicht verzichten. Zu diesen Tieren kann ich Ihnen aus meiner langjährigen Erfahrung als Schädlingsbekämpfer viele nützliche Tipps geben, darunter auch solche, die Sie noch nicht kennen. Ganz bewusst habe ich auf einige, meist schädliche Insekten wie Blattläuse oder Spinnmilben verzichtet, über die Sie in fast jedem Schädlingsbuch nachlesen können.

Für viele Menschen ist der heimische Garten eine Quelle der Erholung und Entspannung. Leider wird dieser Ort aber von Zeit zu Zeit von Tieren heimgesucht, durch deren Anwesenheit Sie nicht mehr die gewünschte Entspannung erfahren können. In manchen Fällen bringen diese ungebetenen Besucher sogar die Gartenbesitzer in einen Zustand von Hilflosigkeit und wütende Raserei, insbesondere, wenn sich diese nicht vertreiben lassen. Dabei spielt es keine Rolle, ob die Plagegeister groß oder klein sind; den Ärger, den sie manchem Menschen bereiten, ist oft riesengroß.

Auch ich kann davon ein Liedchen singen. Ich nutze meinen Garten zur Entspannung und freue mich, wenn ich nach einem arbeitsreichen Tag nach Hause komme und mich in einem gepflegten Garten erholen kann. In den Sommermonaten ist das Grillen mit meiner Familie ein Highlight. Gern habe ich auch teil an dem Spaß, den vergnügte Kinder in meinen Garten bringen. Sicherlich investiere ich auch die dazu nötige Zeit, um meinen Garten in Ordnung zu halten. Und gerade deshalb reagiere ich, wie wahrscheinlich viele Mitmenschen, die sich eine gewisse Mühe mit ihrem Garten geben, empfindlich auf Störungen.

Diese Störungen können sehr vielfältig sein und deren Beseitigung ist manchmal eine große Herausforderung, etwa, wenn wieder einmal eine Wühlmaus durch die Beete gepflügt ist und von der vielen Arbeit, die Sie mit dem Beet hatten, nichts mehr zu erkennen ist. Oder Wespen lassen sich ausgerechnet im Eingangsbereich des Geräteschuppens nieder und verhindern durch die Lage ihres Nestes ein gefahrloses Öffnen der Tür. Vielleicht aber sind es auch Ameisen, die aus den Fugen einer Terrasse so viel Sand hervor tragen, dass Sie befürchten müssen, die Platten würden gleich den Terrassenhang herunterrutschen. Und wieso weiß der Maulwurf, wann wir in Urlaub sind? Diese Zeit nutzt er, um gewaltige Erdhaufen auf den Rasen zu werfen, deren Beseitigung mich schier meine Urlaubserholung kostet.

Vielen dieser Störenfriede können wir mit einfachen Tricks und Kniffen schnell zu verstehen geben, dass sie in unserem Garten keineswegs willkommen sind. Erfahren Sie in diesem Buch, wie auch Sie ungebetene Besucher in Ihrem Garten loswerden können, bei denen Sie bereits dachten, es sei „kein Kraut gegen sie gewachsen".

Jens Jacobsen

Maulwurfshaufen sind für viele Gärtner ein Ärgernis, weil sie den gepflegten Eindruck ihres Gartens stark beeinträchtigen.

Störenfriede unter den Vögeln

Auch wenn die Gartenarbeit uns oftmals stöhnen lässt, hin und wieder Rückenschmerzen beschert und es Momente gibt, in denen wir eigentlich überhaupt keine Lust haben, den Rasen zu mähen oder Spaten und Harke in die Hand zu nehmen, so freut und motiviert es uns doch immer wieder, wenn sich auch menschliche und tierische Gäste in unserem Garten wohl fühlen. Gern beobachten wir das putzige Eichhörnchen, das unter unserem Haselnuss- oder Walnussbaum nach Vorräten für den Winter sucht, oder aber die verschiedenen Vögel, die emsig ihre Brut versorgen und sich wahrscheinlich dabei noch geplagter fühlen als wir gerade. Dabei unterstützen wir die Vögel gern, indem wir ihnen Nistmöglichkeiten zur Verfügung stellen und sie in der kargen, kalten Jahreszeit auch mal mit nahrhaftem Futter versorgen.

So ist es vielen Gartenbesitzern gelungen, sich über die Jahre eine gewisse Artenvielfalt „heranzuziehen", die einem immer wieder die Strapazen der Gartenarbeit vergessen lässt. Aber auch wenn wir wissen, dass es der Kreislauf der Natur ist, wenn ein Nest oder auch mehrere in unserem Garten räuberischen Tieren zum Opfer fallen, so tut uns solch ein Fund doch jedes Mal in der Seele weh, insbesondere, wenn etwa das Meisenpärchen betroffen ist, das wir immer von der Terrasse aus beobachtet haben. Dann gelangen wir vielleicht zu dem Entschluss, brütende Vögel zukünftig besser zu schützen. Aber wie?

Nesträuber in unserem Garten

Nesträuber gibt es nicht nur unter den **Vögeln** wie Elstern, Krähen oder Spechte. Auch andere Tiere, denen wir dieses auf den ersten Blick gar nicht zugetraut hätten, ernähren sich von Eiern und jungen Vögeln. Da ist zum Beispiel das **Eichhörnchen** mit seinen dunklen Knopfaugen und dem buschigen Schwanz, das emsig die Früchte des Waldes und die unseres Gartens sammelt, um für den nächsten Winter gewappnet zu sein. Aber haben Sie gewusst,

Die Hauskatze ist eine nicht zu unterschätzende Gefahr für die heimische Vogelwelt.

dass auch dieses niedliche Eichhörnchen ein gnadenloser Nesträuber ist, der sich nicht nur an den Eiern vergreift, sondern auch keinen Jungvogel verschont. Auch **Igel** plündern Eier und junge Vögel aus bodennah gebauten Nestern, etwa vom Zaunkönig.

Ein ebenfalls unterschätzter Schrecken für alle Vogelpaare und deren Nachkommen ist die freilaufende **Hauskatze**. Zwar wird sie schon seit Hunderten von Jahren in menschlichen Anwesen gehalten, um Mäuse und Ratten zu fangen, aber leider umfasst ihr Beutespektrum mehr als nur Schadnager. Hauskatzen erbeuten eine nicht zu unterschätzende Anzahl an Vögeln und setzen ihre Jagd auch dann nicht aus, wenn sie gesättigt ist. Zu der Anzahl an Wildtieren, die durch eine einzige Hauskatze erbeutet werden, hat es schon etliche Untersuchungen gegeben, deren Zahlen aber aufgrund der starken Katzenlobby in Deutschland nicht weiter veröffentlicht wurden. Das Institut für Biodiversität der Universität Rostock vertritt in einem im Jahr 2002 für das Bundesumweltamt angefertigten Bericht den Standpunkt, dass „die freilaufende Hauskatze die absolute Bedrohung für die Singvögel im stadtnahen Bereich“ ist. Da zunehmend verwilderte Hauskatzen zum Problem werden, empfehlen Naturschutz- und Tierschutzverbände, Hauskatzen mit „Ausgang“ zu sterilisieren oder zu kastrieren. Schätzungsweise zwei Millionen der insgesamt 9,8 Millionen Hauskatzen in Deutschland gelten als verwildert (siehe auch Kapitel „Fremde Hunde und Katzen“).
Neben Eichhörnchen, Igel und Hauskatze machen sich auch **Steinmarder** (siehe auch Kapitel „Der Steinmarder“) und in einigen Bundesländer der Waschbär über die Vogelbrut her.

Elstern und Krähen

Elstern und Krähen gehören zu den bekanntesten Nesträubern unter den Vögeln.

Die Elster biologisch betrachtet

Elstern sind sehr leicht zu identifizieren. Durch ihre sehr charakteristische, schwarz-weiße Gefiederzeichnung und ihren langen Schwanz, der die

Auch Elstern plündern Nester. Deshalb sind sie meist auch keine gern gesehenen Gartengäste.

Biologie

Elster
Ordnung: Sperlingsvögel (Passeriformes)
Unterordnung: Singvögel (Passeri)
Familie: Rabenvögel (Corvidae)
Art: Elster *Pica pica*

Aaskrähe
Ordnung: Sperlingsvögel (Passeriformes)
Unterordnung: Singvögel (Passeri)
Familie: Rabenvögel (Corvidae)
Art: Aaskrähe *Corvus corone*
Zu der Aaskrähe zählen sechs Unterarten in Eurasien, wobei wir in Europa nur die Rabenkrähe *Corvus corone corone* und die Nebelkrähe *Corvus corone cormix* antreffen. Seit dem Jahr 2002 wird die Nebelkrähe als eigenständige Art angesehen.

Elstern sind durch ihre charakteristische schwarz-weiße Färbung leicht zu erkennen.

Gesamtlänge der Elster quasi verdoppelt, sind sie auch von Weitem deutlich zu erkennen. Das schwarze Gefieder schimmert je nach Lichtverhältnissen unterschiedlich stark in den metallischen Farben Grün, Blau oder Purpurn. Bei den Altvögeln ist das metallische Farbspiel am deutlichsten ausgeprägt. Ausgewachsene Elstern haben eine Körperlänge von etwa 50 Zentimeter und eine Flügelspannweite von etwa 90 Zentimeter.

Auch im Flug lässt sich dieser Rabenvogel deutlich von anderen Vögeln unterscheiden und es bedarf nicht einmal ein genaueres Hinspähen, um eine fliegende Elster zu identifizieren: Elstern haben einen wellenförmigen Flatterflug, der bei genauerem Hinsehen den Eindruck erweckt, die Elster würde zwischendurch immer wieder einmal vergessen, mit den Flügeln zu schlagen.

Am Boden bewegt sich die Elster durch „Hopsen" vorwärts. Sucht sie im engen Radius Nahrung, so läuft sie ein paar Schritte. Trotz ihrer Größe kann sie sich sehr geschickt zwischen den Ästen der Büsche und Bäume bewegen, wo sie auch auf Nahrungssuche geht.

Die Krähen biologisch betrachtet

Auch das Aussehen der **Rabenkrähe**, einer Unterart der Aaskrähe, ist kaum zu verwechseln. Mit ihrem schwarzen, bläulich schimmernden Gefieder, den schwarzen Beinen und Schnabel, der an der Spitze leicht gebogen ist, ist sie mit einer Größe von rund 47 Zentimeter auf den heimischen Wiesen und Feldern kaum zu übersehen.

Die zweite Unterart der Aaskrähe ist die **Nebelkrähe**. Sie besitzt lediglich schwarze Flügel, Schwanzfedern und Kopf, während der restliche Körper grau ist. Die Nebelkrähe ist bei uns nordöstlich der Elbe zu finden, während die Rabenkrähe südwestlich der Elbe anzutreffen ist.

Ernährung und Lebensraum

Elstern und Krähen haben sich in Dörfern und Städten längst etabliert. Sie gehören zu den intelligentesten Singvögeln und wissen die Nähe zum Menschen zu schätzen. Wir sind es ja, die den Vögeln immer wieder zusätzliche Nahrung zukommen lassen, sei es durch unsere Mülleimer und „Gelben Säcke“, durch Komposthaufen, Futterhäuschen, Fallobst und und und. So ist es nicht verwunderlich, dass heutzutage Elstern (und auch Krähen) Reviere in Dörfern und Ortschaften solchen an Waldrändern vorziehen. Man geht davon aus, dass sich rund 50 % aller Elstern in der Nähe des Menschen angesiedelt haben.

Elstern, die sich paarweise ein **Territorium** aneignen konnten, sind diesem Standort in der Regel ein Leben lang treu, sogar im Winter, wenn das Paar nicht brütet. Zwar schließen sich auch Brutpaare in den Wintermonaten meist Nichtbrütergemeinschaften an, sodass nicht selten in dieser Jahreszeit bis zu 20 und mehr Tiere beobachtet werden können, aber ihr eigenes Revier verlieren sie dabei nie aus den Augen. Um ihren Anspruch auf ein Revier geltend zu machen, präsentieren sich Elstern in einem Baumwipfel, der weithin gut sichtbar ist. Dieser Baum liegt meist im Zentrum des eigenen Reviers. Er wird von beiden Brutpartnern aufgesucht, meist sogar gleichzeitig. Um ihrem Revieranspruch Nachdruck zu verleihen, plustern sich die Elstern hierbei auf und senken den Schwanz ab. Die Rufe, die Elstern zur Reviermarkierung ausstoßen, lassen sich am besten mit „kik“, „kjää“ oder „kia“ beschreiben. Das gleiche Verhalten kann auch beobachtet werden, wenn Elstern ihr Revier verteidigen und Artgenossen oder Aaskrähen vertreiben.

Sind Elstern stark erregt, stoßen sie einen **Alarmruf** aus. Dieses schnelle, abgehackte „Schäckern“, ruft die Artgenossen zur Flucht auf. Ist ihr Ruf langsam, wird sich die Elster der drohenden Gefahr stellen.

Gefährden Elstern und Krähen unsere Singvögel?

Die Nahrung von Elstern und Aaskrähen ist sehr vielseitig. Neben pflanzlicher und tierischer Kost schrecken sie auch vor Aas nicht zurück. Gerade in der Nähe von Siedlungen bieten die Straßen, auf denen immer wieder Tiere überfahren werden, den Vögeln das ganze Jahr hindurch eine zusätzliche Nahrungsquelle, auf die sie gern zurückgreifen.

Der Hauptbestandteil ihrer **tierischen Nahrung** besteht aus Insekten und deren Larven sowie Schnecken, Spinnen und Würmern. Sie erbeuten auch kleine Wirbeltiere und ergänzen ihren Speisezettel mit Amphibien und Echsen. Sogar Kleinsäuger wie Mäuse, aber auch Vögel, besonders deren Eier und Nestlinge, sind vor ihnen nicht sicher. Weiterhin ernähren sie sich von Pflanzensamen, Pilzen und einer Vielzahl an Früchten. Nicht zu vergessen sind die Bestandteile ihrer Nahrung, die wir Menschen ihnen förmlich auf dem Silbertablett präsentieren, wie etwa im Mülleimer.

Sollten wir trotz dieses breiten Nahrungsspektrums tatsächlich Angst haben, dass ein häufiges Auftreten von Elstern und Krähen die Singvögel in unserem Garten vertreiben, stark dezimieren oder sie sogar ausrotten würde. Denn: Auch wenn das eine oder andere Gelege einem dieser beiden Rabenvögel zum Opfer fällt, so hat die Natur Sorge dafür getragen, dass die Singvögel auf solche für sie natürliche Übergriffe arterhaltend reagieren können. Kleinvögel, deren Gelege sehr oft geplündert werden, sind in der Lage, bis zu fünf **Ersatzgelege** hervorzubringen. Selbst Amseln, deren Gelege wahrscheinlich am häufigsten von den Elstern heimgesucht werden, lernen dazu und brüten beim nächsten Mal an einem besser versteckten Platz. Für diesen wiederum können Sie sorgen, etwa durch die Anlage von dichten Hecken aus **Vogelschutzgehölzen**, die neben geschützten Brutmöglichkeiten auch Nahrung bieten.

Info

Keine Gefahr durch Elstern

Der Anteil von Wirbeltieren auf dem Speisezettel der Elstern beträgt selten mehr als 5 bis 10 %. Auch aus diesem Grund ist mit einer Dezimierung oder einem Rückgang der im Garten heimischen Singvögel nicht zu rechnen.

Gesetzliches

Darf gejagt werden?

Vielerorts herrscht eine große Verunsicherung darüber, ob Elster und Krähen gejagt werden dürfen oder ob sie geschützte Arten sind. Vermutlich haben auch mehrfache Gesetzesänderungen in den letzten Jahrzehnten zu dieser Verunsicherung beigetragen. Im Jahr 1994 wurde auf Drängen der EU-Mitgliedsstaaten die Vogelschutzrichtlinie geändert und weist seitdem im Anhang II zwei Vogelarten auf, die in bestimmten Mitgliedsstaaten bejagt werden dürfen.

Für Deutschland sind in diesem Anhang Rabenvögel wie Elstern, Eichelhäher und Aaskrähe (Raben- und Nebelkrähe) aufgeführt. Damit hat die EU den Mitgliedsstaaten eingeräumt, diese Vögel im eigenen Ermessen zu schützen oder zu bejagen. De facto gilt: Die Elster und die Krähe sind vom Gesetz her geschützte Vogelarten, die in vielen Bundesländern legal durch Jäger bejagt werden dürfen.

Elstern vertreiben

Auch ich machte mir schon über das sehr zahlenreiche Auftreten von Elstern in meinem Garten Gedanken. Sicherlich gehört das Jagen und Gejagt werden zum Kreislauf der Natur, aber wenn ich nun mal gern viele, kleine Singvögel im Garten haben möchte, kann ich ja den unterlegenen Arten unter die Arme, pardon, unter die Flügel greifen.

Zum Glück sind Elstern **sehr scheue Tiere** und lassen sich schon von den kleinsten gefahrverheißenden Geräuschen oder Bewegungen in die Flucht schlagen. Einige Gartenbesitzer konnten mit mehrmaligen gezielten „**Lärmattacken**" die Elstern dauerhaft in die Flucht treiben. Eine solche „Lärmattacke" kann schon Erfolg haben, wenn Hölzer oder Metalle aufeinander geschlagen werden. Man muss nicht unbedingt laut schreiend durch den Garten laufen. Aber auch das Anschaffen einer leistungsstarken **Wasserpistole**, die griffbereit zur „Jagd" auf Elstern (und fremde Katzen) einen Platz im Garten findet, kann diesem Rabenvogel seinen Lieblingsplatz madig machen.

Eine weitere erfolgsversprechende Methode ist es, die eigenen Hunde oder Katzen bei einem starken Auftreten von Elstern einmal mehr am Tag durch den Garten laufen zu lassen.

Abgeraten werden kann von Silberstreifen, die in Bäumen hängen, oder dem Aufstellen von Rosenkugeln, die das Sonnenlicht reflektieren. Alles Glänzende ruft auf Elstern einen besonderen Reiz aus und so könnte schnell aus dem Verscheuchen ein Anlocken werden.

Nesträuber fernhalten

Freibrütenden Arten, die keinen Nistkasten annehmen, können Sie eine gute Versteckmöglichkeit bieten, indem Sie dichte Hecken und Sträucher pflanzen. Dichte und **dornige Sträucher** stellen den besten natürlichen Schutz für diese Singvögel dar. Für höhlen- und halbhöhlenbrütende Arten, die ohnehin unter einem Mangel an geeigneten Baumhöhlen leiden, können Sie Nistkästen aufhängen. Mit dem **richtigen Nistkasten** und eventuellen kleinen zusätzlichen Maßnahmen erhalten Brutpaare durch Sie den nötigen Schutz und deren Nestlinge können sicher heranwachsen. Mit einer ausgewogenen Vielfalt an Nisthilfen können Sie die Artenvielfalt in Ihrem Garten vielleicht noch erhöhen.

Nistkästen

Wer nicht die Möglichkeit hat, Nistkästen selbst zu bauen, kann einen solchen im Fachhandel erstehen. Unter der sich dort oftmals bietenden Vielfalt an Nistkästen müssen Sie eine Auswahl treffen.

Erstes Kriterium Ihrer Entscheidung ist, **welche Vogelart** soll in dem Nistkasten ein Zuhause finden. Diese kann durch die Art des Nistkastens und die Größe des Einflugloches beeinflusst werden. In dem handelsüblichen „Standard-Nistkasten" mit einem Einflugloch von 32 Millimeter bauen andere Vogelarten ihr Nest als in dem Modell mit einem kleineren Einflugloch. 45 Millimeter im Durchmesser sollte das Einflugloch des deutlich größeren Nistkastens für Stare sein.

Tipp

Größe des Einflugloches
Die Größe des Einflugloches entscheidet mit darüber, von welchen Vogelarten der Nistkasten angenommen wird.
32 Millimeter Durchmesser: Kohlmeise und viele andere Meisenarten, Gartenrotschwanz, Kleiber, Halsbandschnäpper, Feld- und Haussperling
28 Millimeter Durchmesser: Blau- und Sumpfmeise

Weiterhin sind Nistkästen für Nischen- oder Halbhöhlenbrüter im Fachhandel zu bekommen, in denen zum Beispiel Hausrotschwanz, Bachstelze und Grauschnäpper sowie Rotkehlchen und Zaunkönig brüten können. Der Vollständigkeit halber möchte ich erwähnen, dass es spezielle Nistkästen für Schwalben, Baumläufer, Kleiber, Stare, Bachstelzen und Wasseramseln, Eisvogel, Dohlen, Eulen, Steinkauz und Wander- und Turmfalken gibt. Diese werden in Privatgärten aber eher selten aufgehängt.
Das zweite Kriterium betrifft das **Material**, aus dem der Kasten gefertigt ist. Bei den „Standard-Nistkästen" können Sie meist zwischen Holzkästen (als Kasten oder Baumstamm) und robusteren Kunstmaterialien wie Holzbeton wählen. Neben Preis und Aussehen sollte auch die Praxistauglichkeit in Ihre Entscheidung einfließen: Wie sieht es mit der Haltbarkeit, der Aufhängevorrichtung, der Nesträubersicherheit und mit der Reinigungsmöglichkeit aus? Zwar sind Holznistkästen, wenn sie gut gearbeitet wurden, auch mehrere Jahre lang haltbar, aber ein Nistkasten aus Kunstmaterial hält deutlich länger. Die Aufhängevorrichtung muss zu der Stelle (Baumstamm, Ast, Hauswand, etc.) passen, an der Sie den Nistkasten aufhängen möchten. Eventuell wird Zusatzmaterial benötigt (Draht, Werkzeug). Schließlich sollten Sie noch prüfen, wie sicher der Nistkasten gegenüber Nesträubern ist. Im Handel werden auch solche mit zusätzlichem **Schutz gegen Nesträuber** angeboten. Der sicherste Schutz vor Katzen, Mardern und Eichhörnchen ist die Verlängerung des Einflugloches, sodass Nesträuber sich die

Ein verlängertes Einflugloch am Nistkasten bietet einen zusätzlichen Schutz vor Nesträubern.

Brut nicht „herausangeln" können. Beachten Sie, dass der Kasten auch einer Spechtattacke oder den kräftigen Schnäbel von Elster oder Krähe standhalten. Bei Holzkästen gewährleistet dies eine üppige Wandstärke. Zuletzt sollte der Nistkasten Ihrer Wahl, der über viele Jahre mit seinen Bewohnern erfreuen soll, auch die Möglichkeit bieten, ihn auf einfache Weise von Zeit zu Zeit zu reinigen.

Nistkästen aufhängen

Nistkästen für Kleinhöhlenbrüter sollten möglichst im Herbst in Augenhöhe aufgehängt werden, damit Sie auch ohne Leiter in der Lage sind, sie zu kontrollieren und zu reinigen. Bräuchten Sie dazu jedes Mal eine Leiter, könnte es sein, dass die notwendige **Reinigung** nach kurzer Zeit aus Bequemlichkeit wieder eingestellt wird.
An einem relativ windstillen Aufhängeort muss das Einflugloch nicht in eine besondere Himmelsrichtung ausgerichtet werden. Hängt der Nistkasten jedoch frei an einem Baum oder aber an einem eher windigen Platz, sollte das Einflugloch nach Südosten ausgerichtet werden.

Oftmals stellt sich auch die Frage, wie viele Nistkästen in einem Garten aufgehängt werden können, ohne dass es zwischen den Vögeln zu Streitigkeiten kommt. Letzten Endes können Sie an jedem zweiten Baum einen Nistkasten hängen, da Vögel ihren Mindestabstand je nach Nahrungsangebot und Jahreszeit selbst festlegen. Es ist durchaus möglich, dass in einem Baum mehrere Meisenpaare ihre Jungen großziehen, ohne sich dabei zu stören. Bieten Sie lieber zu viele als zu wenige Nistkästen an, denn dann finden auch die heimkehrenden Zugvögel unter den Höhlenbrütern noch eine Bleibe.

Ab Mitte September können Sie die Nistkästen reinigen, indem Sie das ganze alte Nistmaterial entfernen. Nistkästen aus Holzbeton können Sie bei einem starken Parasitenbefall oder starker Verschmutzung auch mit Wasser und Neutralseife ausspülen und putzen.

Nistkästen noch sicherer machen

Bei im Baum angebrachten Nistkästen können Sie manchmal beobachten, dass Katzen, aber auch Elstern auf dem Nistkastendach sitzen und versuchen, einen Elternvogel zu erbeuten. Um diesem Nesträuber einen Strich durch die Rechnung zu machen, können Sie **Taubenabwehr-Spikes** auf den Kasten montieren. Diese Taubenabwehr-Spikes sind in vielen Heimwerkermärken in 30 Zentimeter langen Teilen in verschiedenen Variationen zu bekommen. Spechte verschaffen sich mit ihrem Schnabel Zugang in einem Nistkasten. Dabei wird in den meisten Fällen „hämmernd" das Einflugloch auf Spechtgröße gebracht oder gänzlich ein neuer Zugang zur Nisthöhle geschaffen. Durch das Anbringen von **Blechen** mit entsprechender Lochgröße lassen sich auch diese Übergriffe sicher abwehren.

Steinmarder und Katzen können Sie durch sogenannte **Marderkragen** abwehren, die um den Stamm herum angebracht werden. Dieser erfüllt allerdings nur seinen Zweck, wenn er nicht umklettert oder übersprungen werden kann. Da Katzen und Steinmarder sehr sprungstark sind, montieren Sie einen solchen Kragen nicht unter einer Höhe von 2 Meter um den Baumstamm.

Tauben

Kommt das Gespräch auf verwilderte Tauben, haben viele einen Marktplatz mit Marktständen oder Straßencafes vor Augen, wo sich auf den freien Flächen und zwischen den hin- und hereilenden Menschen viele Tauben tummeln. Die **Stadttauben** (verwilderte Haustaube) haben sich an ihren Lebensraum so erfolgreich angepasst, dass sie vielerorts zu einem Problem geworden sind. Nicht nur in Städten sind die vielen Tauben ein Ärgernis, sondern auch in Dörfern und Gemeinden haben sie bereits in Schwärmen Einzug gehalten.

Biologie

Tauben

Klasse: Vögel (Aves)
Ordnung: Taubenvögel (Columbiformes)
Familie: Tauben (Columbidae)
Art: Haustaube *Columba livia f. domestica*

Die Tauben biologisch betrachtet

Auch wenn die Familie der Tauben mit ihren etwa 40 Gattungen und etwa 300 Arten recht umfangreich ist, so sehen doch alle Arten recht ähnlich aus. Der Kopf einer Taube sitzt auf einem ziemlich kräftigen Rumpf. Dadurch wirkt er relativ klein im Vergleich zum übrigen Körper. Beim Laufen wird der Kopf in einer für Tauben typischen Weise vor- und zurückbewegt. In der Gefiederfarbe und in der Körpergröße unterscheiden sich die verschiedenen Arten hingegen sehr. Das Gefieder der etwa 35 Zentimeter großen verwilderten Haustaube ist blaugrau bis dunkelgrau gefärbt. Neben einer weißen Schwanzbasis weisen die Flügel im unteren Bereich einige schwarze Querstreifen auf, jedoch sind bei der verwilderten Form viele Färbungen möglich. So sind neben weiß gefleckten auch gänzlich weiße oder braune Farbvariationen anzutreffen.

Ernährung

Normalerweise fressen Tauben, die lediglich 20 Gramm Futter pro Tag benötigen, Samen, Früchte, Pflanzensprosse oder andere weichen

Pflanzenteile sowie Insekten und Würmer. Jedoch beziehen die Stadttauben ihre Nahrung fast ausschließlich direkt oder indirekt vom Menschen. Gerade an Imbissständen, Bäckereien oder auch Eiscafes, wo von Zeit zu Zeit der eine oder andere Pommes frites, Brotkrumen oder eine Eiswaffel auf den Boden fällt, sind auch die Stadttauben nicht weit. Hinzu kommen noch Menschen, die den Stadttauben Futter ausstreuen, wie zum Beispiel altes Brot. Aber trotz reichlich gedecktem Tisch führt diese Art der Ernährung bei den Stadttauben zu Mangelerscheinungen, die sich auf das Abwehrsystem der Tiere auswirkt. Eine Taube hat in der „freien Wildbahn" eine Lebenserwartung von zwölf bis 15 Jahren, Stadttauben hingegen erreichen meist nur ein Alter von zwei bis drei Jahren.

Gefahren durch verwilderte Haustauben

Für viele zählen Tauben zu den „Lästlingen", auch weil ihr ständiges „Gurren" manchen Bürger viel zu früh aus seinen schönen Träumen reißt. Dabei sind Tauben aus materieller und auch hygienischer Sicht eindeutig der Gruppe der **Schädlinge** zuzuordnen.

Durch ihren **Kot** (von dem eine Taube pro Jahr etwa 12 Kilogramm produziert) werden unter anderem Gebäudefassaden, Balkone, Dächer, Spielplätze und Denkmäler stark verschmutzt. Werden die Gebäude gereinigt, erstrahlen sie meist nur kurz in „frischem Glanz", bevor sie erneut verschmutzt werden. Dabei ist eine Reinigung der Bausubstanz größtenteils unvermeidbar, wenn größere Schäden verhindert werden sollen. Mit dem Taubenkot wird Harnsäure ausgeschieden. Dieser äußerst aggressive Stoff greift selbst massivste Baumaterialien, wie zum Beispiel Stahl, Aluminium, Marmor und Beton, an. Starke Beschädigungen durch die ätzende Wirkung des Taubenkots sind auch oft am Sandstein vieler Denkmäler und historischer Gebäude zu erkennen. Neben dem aggressiven Kot leidet die Bausubstanz auch unter dem **Fraß** der Tauben. Ja, Sie haben richtig gelesen. Tauben benötigen für ihre Verdauung kleinere Steinchen, die sie sich unter anderem direkt vom Sandstein oder aus den Mörtelschichten des Mauerwerks abkratzen. Neben diesen Beschädigungen entsteht durch das Herauspicken von Steinchen ein weiteres Problem, das meist nicht mit den

Durch Taubenkot können Baumaterialien zerstört und Krankheiten übertragen werden.

Stadttauben in Verbindung gebracht wird: Haben Sie sich schon einmal gefragt, warum kleinere Pflanzen bis hin zu ganzen Bäumen auf einmal in Regenrinnen oder auf Mauervorsprüngen wachsen? Gerade diese kleineren Steinchen, die von den Tauben wieder ausgeschieden werden, sammeln sich auch in den Regenrinnen, wo sie Pflanzen eine Möglichkeit bieten, sich anzusiedeln.

Neben den Gebäudeschäden besteht auch die Gefahr, **Parasiten** sowie eine Reihe von **Krankheitserregern** von verwilderten Haustauben „frei Haus" geliefert zu bekommen. Dies brachte den Tauben auch den Beinamen „Ratten der Lüfte" ein. Gerade wenn sich Nester auf einem Dachboden oder an der Fassade befinden, besteht in wachsendem Maße die Gefahr, dass Speckkäfer, die Rote Vogelmilbe sowie die Taubenzecke in das Gebäude eindringen. Die beiden letztgenannten Parasiten nehmen auch bei Menschen ihre Blutmahlzeit ein, wenn der Wirtsvogel nicht erreichbar ist. Diese Stiche sind nicht nur sehr lästig, sondern rufen eine juckende bis entzündliche Hautreaktion hervor. Jedoch werden durch die Taubenzecke keine der uns bekannten Erkrankungen wie Borreliose oder FSME übertragen, wie sie bei anderen Zeckenarten vorkommen.

Auch über den Taubenkot kann man sich mit einer Reihe von Krankheitserregern infizieren. Salmonellen, die beim Menschen zu fieberhaften Durchfällen führen können, wurden bei Untersuchungen bei 5 bis 10 % der Stadttauben nachgewiesen. Dennoch infizieren sich nur sehr selten Menschen mit dem Erreger. Der Grund dafür liegt in dem taubenspezifischen Erreger ***Salmonella typhimurium***, an dem Menschen nur sehr selten erkranken.

Auch das bei den Tauben vertretene *Campylobacter*-Bakterium führt beim Menschen zu akuten Magen-Darm-Erkrankungen. Eine Übertragung findet in der Regel nur bei Verunreinigung von Nahrungsmittel mit Taubenkot statt, was aber unter normalen hygienischen Bedingungen mit großer Wahrscheinlichkeit auszuschließen ist.

Beinahe regelmäßig wird der gefürchtete Ornithose-Erreger in Verbindung mit verwilderten Stadttauben genannt, der beim Menschen grippeartige Symptome bis zu Lungenentzündungen hervorrufen kann. Eine Übertragung erfolgt, wenn erregerhaltiger Staub des Taubenkots einatmen wird. Der im Taubenkot enthaltene Erreger wird aber als weniger pathogen eingestuft, als der, der zum Beispiel bei Papageien angetroffen werden kann. Die Erkrankung ist daher auch unter dem Namen Papageienkrankheit bekannt.

Ebenfalls durch erregerhaltigen Staub können Kryptokokken übertragen werden; der hefeartige Pilz *Cryptococcus neoformas* verursacht meist bei immungeschwächten Menschen Lungenerkrankungen bis hin zu Hirnhautentzündung. Bis zu 18 % aller Stadttauben tragen den Erreger in sich.

Zusammengefasst kann man aber sagen, dass das Infektionsrisiko als sehr gering einzustufen ist, sofern Sie einen unnötigen Kontakt zu Stadttauben vermeiden und beim unbeabsichtigten Kontakt mit den Tieren oder deren Kot die Hände gründlich waschen.

Schutzmaßnahmen bei Reinigungsarbeiten

Etwas anders verhält es sich jedoch, wenn Sie Gegenstände oder auch Gebäudeteile von Taubenkot reinigen möchten. Dabei sollten Sie auf jeden Fall Schutzhandschuhe (Gummihandschuhe) und je nach Umfang der Arbeiten auch einen flüssigkeitsabweisend Schutzoverall tragen. Bei trockenem, staubigem Taubenkot sollte auch eine Staubmaske zur **Schutzausrüstung** gehören. Diese werden in verschiedene Schutzstufen unterschieden, eine entsprechende Kennzeichnung „P1–3" finden Sie auf der Verpackung („P" = Partikelfilter, 1–3 sind Schutzstufen).

Taubenabwehr

Bevor Sie sich für eine Taubenabwehrmaßnahme entscheiden, sollten Sie die Stärke des Besiedlungsdrucks durch die Tauben ermitteln. Denn leider sind nicht alle Abwehrmaßnahmen für jede Art des Besiedlungsdrucks geeignet.

Für einen **niedrigen Besiedlungsdruck** stehen Ihnen Taubenabwehr-Spikes, Edelstahldrahtsysteme, Schalldrucksysteme oder auch Greifvogel- oder Krähenattrappen zur Verfügung.

Taubenabwehr-Spikes sind aus einer Grundplatte nach oben stehende Spitzen aus Plastik oder Edel-

Übersicht

Partikelfilterklasse	Schützt gegen:	Rückhaltevermögen
P1	feste Partikel, inerte Stoffe	klein
P2	feste und flüssige Partikel mindergiftiger (gesundheitsschädlicher) Stoffe	mittel
P3	feste und flüssige Partikel giftiger und sehr giftiger Stoffe	groß

stahl, die Sie auf den zu schützenden Untergrund, wie zum Beispiel Gebäudesimse, Fensterbänke oder Balkonbrüstungen, anschrauben oder einfach aufkleben können.
Bei Edelstahldrahtsystemen werden etwa 10 Zentimeter lange Edelstahlstifte in der Wand verankert und unter zur Hilfenahme von kleinen Zugfedern anschließend ein dünner Edelstahldraht zwischen den Stiften gespannt. Für dieses System sind verschiedenste Trägerelemente zu bekommen, die unter anderem auch geklebt werden können (Denkmalschutz) oder eine Befestigung an Regenrinnen, Rohren oder Firstpfannen ermöglichen.
Schalldrucksysteme, die es in den verschiedensten Ausführungen gibt und deren Aussehen an kleine Lautsprecher oder auch Mikrofone erinnern, lassen sich meist mit relativ wenig Aufwand in dem Bereich installieren, aus dem die Tauben mittels Schall (Lärm) vertrieben werden sollen. Die Geräte arbeiten in einem Frequenzbereich von 20 bis 28 kHz und einem Schalldruck von etwa 100 dB, der für das menschliche Ohr nicht wahrnehmbar ist.
Eine leicht zu bewerkstelligende Taubenabwehrmaßnahme ist das Aufstellen von Greifvogel- oder Krähenattrappen, wobei auf das natürliche Fluchtverhalten der Stadttauben gesetzt wird.
Haben Sie einen **mittleren Besiedlungsdruck**, dem Sie entgegenwirken möchten, können Sie die Abwehrmaßnahmen des niedrigen Befallsdruck einsetzen, jedoch führen Greifvogel- und Krähenattrappen jetzt nicht mehr zum Erfolg. Allerdings sind Netze und Elektrosysteme eine weitere Möglichkeit, die Tauben abzuwehren.
Taubennetze gibt es in allen erdenklichen Größe und in verschiedenen Farben, damit sie der Objektfarbe angepasst werden können. Die Maschenweite kann von den üblichen 50 über 28 bis auf 19 Millimeter verkleinert werden, wenn sie auch andere Vögel abwehren möchten.
Bei einem Elektrosystem kommen elektrische Leiterbahnen zur Anwendung, die mit einem Befestigungssystem auf dem Schutzbereich installiert werden. Ein spezielles Steuergerät versorgt die Leiterbahnen mit Strom, ähnlich dem eines Weidezauns.
Bei einem **hohen Besiedlungsdruck** sollten Sie ausschließlich auf Taubenabwehr-Spikes, Schalldrucksysteme, Elektrosysteme oder Netze zurückgreifen. Leider ist es hin und wieder zu beobachten, dass bei einem hohen Befallsdruck Taubenspikes von den Stadttauben zum Teil überwunden werden und sie anschließend ihre Nester darauf bauen.

Info

Besiedlungsdruck

- Niedriger Besiedlungsdruck:
  Vereinzelte Tauben setzen sich zeitweise ab.
- Mittlerer Besiedlungsdruck:
  Dieselben Tauben halten sich dauerhalt an denselben Stellen auf.
- Hoher Besiedlungsdruck:
  Die Vögel nisten an geschützten Stellen.

Störenfriede unter den Säugetieren

Der Maulwurf

Ich weiß nicht, warum es so ist, aber immer, wenn wir aus dem Urlaub nach Hause zurückkehren, hat sich mit absoluter Sicherheit einer der schwarzen Gesellen quer über unseren Rasen gearbeitet und zum Zeichen seines aktiven Treibens prächtige Erdhaufen auf unserem Grün hinterlassen. Hatte ich mich zu anfangs noch maßlos darüber geärgert, etwa weil der Rasen gerade neu angesät war, nehme ich die Sache jetzt, einige Jahre später, mit Humor. Dennoch geht immer noch nach jedem Urlaub mein erster Blick auf den hinteren Teil unseres Grundstücks und meine Frau fragt mich dann auch jedes Mal, wenn ich zu ihr zum Entladen des Fahrzeugs zurückkehre: „Na, wie viele?"

Aber nicht jeder kann den unübersehbaren Aktivitäten des Maulwurfs mit Gelassenheit entgegentreten. Für viele, die ihren Garten hegen und pflegen, bedeutet der Besuch eines Maulwurfs der „Super-Gau". Und so verändert mancher Maulwurf den Garten nicht nur leicht optisch, sondern verwandelt auch den Ort der Entspannung und Erholung in ein „Blutdruckhochgebiet". Nur zu gut kann ich die Eigentümer eines solchen Gartens verstehen, die nach einem wirksamen Mittel suchen, den unbeliebten Untertagearbeiter wieder los zu werden.

Wie aber wird man einen Maulwurf wieder los? Darf er überhaupt als geschützte Tierart vertrieben oder gefangen werden? Antworten auf diese Fragen, und wahrscheinlich auch einiges Neues, erfahren Sie auf den nächsten Seiten.

Info

Europäischer Maulwurf

Art: *Talpa europaea*

Er besitzt einen walzenförmigen Körper, der durchschnittlich 11 bis 16 Zentimeter lang ist bei einem Gewicht von etwa 45 bis 130 Gramm. Männliche Tiere können noch etwas größer und schwerer werden. Der Körper geht ohne einen erkennbaren Hals vom Rumpf zum Kopf über, wobei der Kopf zwischen den kräftigen Schulterpartien der Vorderbeine leicht eingeklemmt wirkt. Der Kopf ist spindelartig zum Rüssel (Nase) hin verlängert, die Rüsselscheibe (Vorderseite der Nase) ist unbehaart. Der restliche Körper ist von einem schwarzen, strichlosen Fell bedeckt.

Der Maulwurf biologisch betrachtet

Obwohl dank etlicher Kinderbücher sein Aussehen reichlich bekannt ist, wissen wir doch erstaunlich wenig über diesen scheuen Erdbewohner. Dabei gehören zu dieser vielfältigen Tierfamilie etwa 40 Arten. Bei uns ist nur der Europäische Maulwurf beheimatet.

Der sehr bewegliche **Rüssel** leistet dem Maulwurf gute Dienste und ist auch ein Indiz für den Zustand des Tieres. Während die Rüsselscheibe in Ruhe eher farblos ist, nimmt diese bei Erregung oder Anstrengung eine rötliche bis rote Farbe an, die durch die verstärkte Blutzirkulation zu erklären ist. Der **Geruchssinn** des Maulwurfs ist „normal" ausgeprägt. Durch die Rüsselform der Nase ist der Oberkiefer des Maulwurfs deutlich gegenüber dem Unterkiefer verlängert, wobei beide Kieferpartien jeweils 22 Zähne aufweisen.

Die sehr kleinen **Augen** des Maulwurfs sind tief im Fell eingebettet und werden nicht durch Lider verschlossen. Beim Betrachten eines Tieres sind die Augen nicht zu erkennen. In Experimenten wurde nachgewiesen, dass ein Maulwurf durchaus Hell und Dunkel unterscheiden kann, und einigen Berichten zur Folge ist er auch in der Lage, die Augen aus dem schützenden Fell hervor zu drücken. Ebenfalls eher spärlich ausgebildet sind auch die **Ohren** des Mulls (volkstümliche Bezeichnung des Maulwurfs), denn eine äußere Ohrmuschel besitzt der Maulwurf nicht. Jedoch kann er die Ohren und Augen durch eine Hautfalte schützen. Trotz fehlender Ohrmuschel kann der Maulwurf mit seinem normal entwickelten Gehör Beutetiere ausmachen.

Die großen Grabschaufeln sind beim samtschwarzen Maulwurf besonders auffällig.

Sein wichtigstes Sinnesorgan ist der **Tastsinn**. Nach vorne ist die empfindliche, gut bewegliche Rüsselschnauze mit den reichlich vorhandenen Tasthaaren bei der Orientierung in dem dunklen Gangsystem für den Maulwurf unverzichtbar. Beim Rückwärtslaufen sind die Dienste des kleinen, etwa 2 bis 3 Zentimeter (das entspricht etwa dem Tunnelradius) langen, aber sehr sensiblen Schwanzes für den Erdbewohner unverzichtbar. Durch das ständige Abtasten der Gangwände mit dem Schwanz, ähnlich wie mit einem Blindenstock, kann sich der Maulwurf auch nach hinten ein genaues Bild von seinem Weg machen. Beim Rückwärtslaufen stört sich der Maulwurf nicht an einem eventuellen Richtungswechsel, weil sein samtschwarzes Fell nicht wie bei anderen Säugetieren eine Strichrichtung (Strich) aufweist, sondern senkrecht aus der Haut wächst und sich somit zu allen Seiten gleich gut umlegt.

Das Markanteste an der „Erscheinung Maulwurf" sind jedoch seine großen, breiten **Vorderpfoten**, die zu platten Grabschaufeln umgebildet sind. Deutlich sind die fünf kurzen Finger mit den ständig nachwachsenden, scharfen Krallen zu erkennen. Durch den Körperbau mit seinen kurzen Vorderbeinen und den kräftigen Schultermuskeln (Grabmuskeln) stehen die Grabschaufeln in Grabhaltung in einem etwa 45°-Winkel nach vorne ab. Somit zeigt die Pfotenoberseite zum Kopf und der Maulwurf ist nicht in der Lage, in der für Säugetiere typischen Haltung (Füße unter dem Körper) zu stehen, sondern läuft und steht mit seitlich abgewinkelten Vorderbeinen auf der Daumenkante. Die Hinterbeine weisen einen ebenfalls für die Grabtätigkeit sehr wichtigen verbreiterten Scharrfuß auf. So ist der Maulwurf bestens an das Leben unter der Erde angepasst.

Lebensraum

Der Maulwurf lebt als **Einzelgänger** überall dort, wo er auch genügend Nahrung erbeuten kann. Da auf seinem Speiseplan ausschließlich tierische Nahrung steht, ist der Bewuchs des bewohnten Lebensraums für den Maulwurf Nebensache. Er bewohnt vorrangig Böden mit einer tiefen Humusschicht, die ihm genügend Nahrung bieten. So ist er neben Äckern, Wiesen und anderweitig bewirtschafteten Flächen auch in Parks, Gärten sowie Laub-, Misch- und Nadelwäldern anzutreffen.

Selbst Böden mit einem hohen Grundwasserspiegel oder einer hohen Überflutungswahrscheinlichkeit schrecken den Maulwurf nicht vor der Besiedlung ab. Denn Maulwürfe sind tatsächlich gute Schwimmer, die (wie einige Augenzeugen berichten) auch aus eigenem Antrieb heraus das Wasser aufsuchen, um schwimmend eine Strecke zurücklegen. Werden einmal Landstriche überflutet, in denen der schwarze Samtpelzträger sein Revier besitzt, ist er durchaus in der Lage, sich in Sicherheit zu bringen.

Dies schreckt ihn später, wenn das Wasser wieder zurückgegangen ist, auch nicht davon ab, sein ursprüngliches Revier wieder aufzusuchen.
Die Größe des vom Maulwurf beanspruchten **Reviers** ist von der Menge der Nahrung abhängig, die er in der Erde erbeuten kann, und liegt meist zwischen 200 und sogar über 3000 Quadratmeter.

Tunnelsysteme

Der Maulwurf legt in seinem Revier unterschiedliche Gangtypen an, die jeweils spezielle Zwecke erfüllen. In Oberflächengängen, die in geringer Tiefe von nur wenigen Zentimetern verlaufen und eine Auswölbung nach oben besitzen, werden zum schnellen Überbrücken von Distanzen genutzt, da bei der Grabweise kein Abraum anfällt und somit der Tunnelbau schnell vorangeht. Bis zu 10 Meter in einer Minute können Maulwürfe bei dieser Grabtätigkeit zurücklegen, wenn sie zum Beispiel auf der Flucht vor Überschwemmungen sind.
Mitteltiefe Gänge, die in einer Tiefe von etwa 10 Zentimeter liegen, dienen dem Maulwurf vorwiegend als **Jagdgänge**. Sie durchziehen die Hauptwurzelzone der Stauden- und Krautpflanzen, in der sich auch die eine oder andere Insektenlarve finden lässt. In tieferen Gängen, die durchaus 60 bis 100 Zentimeter und tiefer angelegt werden und frostsicher sind, befindet sich der „**Wohnbereich**" des Maulwurfs. Dieser besteht aus einem mit Pflanzenteilen ausgekleideten Schlafnest, das etwa 20 Zentimeter im Durchmesser misst, und bis zu zehn ähnlich großen Vorratskammern. Einige der angelegten Gänge dienen der Belüftung des meist weitverzweigten Gangsystems. Deren Öffnungen zur Erdoberfläche werden meist in Bereichen mit viel Pflanzenwuchs angelegt, damit sie nicht so schnell entdeckt werden.
Die beim Graben anfallende Erde wird von dem Untertagearbeiter an die Erdoberfläche befördert, wobei die allseits bekannten „**Maulwurfshügel**" entstehen. Ein Hügel entsteht immer schubweise, wenn der Maulwurf die Erde von unten aus dem Gang mit den vorderen Grabschaufeln senkrecht nach oben drückt. In der Regel befindet sich der Maulwurf dabei unterhalb des Bodenniveaus und ist so imstande, das bis zu Zwanzigfache seines Körpergewichts zu bewegen.
Werden ihre Baue nicht durch zum Beispiel einen Pflug zerstört, werden diese von den Maulwürfen akribisch instandgehalten und können dann mehreren Generationen zur Verfügung stehen.

Verhalten und Fortpflanzung

Viele der schwarzen Tunnelgräber verlagern während der vegetationsreichen Zeit, in der Regel zwischen März und September, ihr Revier auf bestellte landwirtschaftliche Nutzflächen oder auf Wiesen und Weiden. Werden die letzten Felder im Spät-

Info

Nachwuchs

Ein trächtiges Weibchen legt in ihrem Gangsystem meist im Schutze von Wurzeln ein Brutnest an, das sie mit Pflanzenmaterial auskleidet. Das eigene „Wohnnest" dient nicht als Brutnest der Jungenaufzucht. Nach einer Tragzeit von etwa vier Wochen werden die jungen Maulwürfe geboren. Sie wiegen bei der Geburt zwischen 3,5 bis 6,5 Gramm und haben eine Größe von etwa 35 bis 44 Millimeter. Bei den meist drei bis vier noch nackten Maulwurfjungen sind die Ohren und Augen bei der Geburt geschlossen.
Während die Mutter zunächst dreimal täglich das Brutnest aufsucht, um ihren Nachwuchs zu säugen (in den letzten Wochen vor der Entwöhnung sind es dann bis zu fünfmal am Tag), entwickelt sich nach etwa 14 Tagen das Haarkleid der jungen Erdbewohner. Nach weiteren drei Tagen öffnen sich die Ohren. Die kleinen Augen öffnen sich rund 21 bis 22 Tage nach der Geburt. Schon vier bis fünf Wochen nach ihrer Geburt sind die Jungen bereits selbstständig. Junge Maulwürfe wandern in dieser Zeit (Juni bis Juli) aus dem Gangsystem der Mutter ab, und graben ihr eigenes Tunnelsystem. Die Geschlechtsreife tritt mit dem Vollenden des 10. Lebensmonats ein.

herbst abgeerntet, beginnen auch die meisten Maulwürfe ein neues Revier aufzusuchen. Meist gibt es in diesen Hecken, Uferbereiche oder Wälder, die ihnen im Winter durch ihren meist üppigen Bewuchs vor Frost und kalten Winden mehr Schutz bieten. Auch liegt die Vermutung nahe, dass durch die landwirtschaftlichen Arbeiten auf den abgeernteten Feldern (wie zum Beispiel Pflügen) die Jagdgänge der Maulwürfe zum größten Teil zerstört werden und diese auch aus diesem Grund die Felder verlassen.

Hat sich der Winter dann im Februar / März zurückgezogen und der Boden ist wieder frostfrei, kann eine Neubesiedlung der alten Reviere durch den Maulwurf beobachtet werden. Hierbei gräbt er sein Tunnelsystem in mehreren **Aktivitätsphasen** am Tag, die durchschnittlich jeweils vier bis fünf Stunden andauern und anschließend von einer ebenso langen **Ruhephase** abgelöst werden. Zur selben Zeit beginnt bei dem Maulwurf auch die Brunft. Während die weiblichen Tiere immer die gleiche Reviergröße für sich beanspruchen, dehnt das Männchen sein Revier jetzt um mehr als die doppelte Fläche aus mit dem Ziel, das eigene Revier mit dem eines Weibchens überlappen zu lassen. In weniger stark besiedelten Flächen lassen sich die auf Paarungssuche gehenden Männchen auch vor einer mehrere Kilometer langen Wanderschaft nicht abschrecken.

Nach der Paarung zieht sich der männliche Maulwurf in sein ursprüngliches Revier zurück, nicht zuletzt deshalb, weil nur in der Brunftzeit die Haufenwerfer aggressionsfrei miteinander umgehen. Außerhalb dieser Zeitspanne sind Maulwürfe Einzelgänger und verhalten sich meist sehr aggressiv gegenüber Artgenossen, egal welchen Geschlechts. Bei Revierkämpfen beispielsweise versuchen Maulwürfe ihre Konkurrenten stets zu verletzen und haben auch keine Tötungshemmung gegenüber dem unterlegenen Gegner wie es bei anderen Tierarten zu beobachten ist.

Ernährung

Der Maulwurf ernährt sich vor allem von **Insekten** (zum Beispiel Ameisen und Käfer) und deren Larven sowie von **Regenwürmern**. Aber auch junge Mäuse, deren Nest ebenfalls im Erdreich liegt, und Frösche sind vor Maulwürfen nicht sicher, sofern sie sie erbeuten können. Auch frisches Aas verschmäht er nicht. Die Zusammensetzung der Nahrung, die von Maulwürfen aufgenommen wird, richtet sich nach dem bewohnten Lebensraum und damit auch nach der Verfügbarkeit der verschiedenen Beutetiere. Wirbellose tierische Nahrung steht deutlich im Vordergrund.

Schon beim Graben der Gänge wird der Abraum mit dem Rüssel auf eventuelle Nahrung hin untersucht und dann erst fort geschoben. Später dienen die Jagdgänge als „Fallgruben", in denen der Jäger Untertage seine Beute nur noch mit der Nase aufspüren muss. Beim „Absammeln" der Jagdgänge legen Maulwürfe täglich Strecken von etwa 1,2 Kilometer zurück. Sie benötigen etwa ihr eigenes Körpergewicht an erbeuteter Nahrung, um den Energiebedarf eines Tages zu decken.

In der kälteren Jahreszeit ist der Maulwurf zeitweise gezwungen, seine Beute grabend zu suchen, wenn sie nicht so üppig wie in der wärmeren Sommerzeit in seinen Jagdgängen vorzufinden ist. Wahrscheinlich legen Maulwürfe **Vorratskammern** an, um einen kurzzeitigen Nahrungsengpass zu überbrücken. Maulwürfe besitzen sehr wenig Fettreserven in ihrem Körper, von denen sie in einer Notzeit profitieren können. Sie sind keine Hungerkünstler und verhungern, wenn sie einen Tag ohne Nahrung bleiben. So schaffen sie sich die Möglichkeit eines schnell verfügbaren Energielieferanten, dem Regenwurm, den sie in der Vorratskammer deponieren. Damit der Regenwurm in der Vorratskammer bleibt, beißt der Maulwurf die ersten vier Kopfsegmente (Ringe am Regenwurm) ab oder verletzt sie durch einen Biss sehr stark. Mit dieser Verletzung überlebt der Regenwurm zwar, ist aber nicht in der Lage zu fliehen. Die durch den samtschwarzen Jäger beigebrachten Verletzungen heilen nach einigen Wochen, und der Regenwurm kann die Flucht ergreifen, sofern er bis dahin nicht verzehrt wurde.

Maulwürfe trinken nicht. Sie beziehen den gesamten Flüssigkeitsbedarf aus ihrer Nahrung, wie zum Beispiel den Regenwürmern, und benötigen deshalb auch keinen Zugang zu Seen oder Bächen.

Gesetzliches

Bundesartenschutzverordnung (BArtSchV)
vom 16. Februar 2005 und dessen Änderung vom 12. Dezember 2007 (BGBl. I S. 2873)

Im Abschnitt 1, Unterschutzstellung, Ausnahmen und Verbote, finden wir im § 1 besonders geschützte und streng geschützte Tier- und Pflanzenarten. Und weiter heißt es dort: „Die in Anlage 1 Spalte 2 mit einem Kreuz (+) bezeichneten Tier- und Pflanzenarten werden unter besonderen Schutz gestellt."
Also weiter in Anlage 1 Spalte 2: Unter dem Oberbegriff Säugetiere finden wir dann den Passus, dass „alle heimischen Arten, soweit nicht im Einzelnen aufgeführt, mit Ausnahme von ... besonders geschützte Arten sind." Ausnahmen bilden hierbei einige Mäusearten wie zum Beispiel die Rötel- und die Hausmaus, aber auch der Amerikanische Nerz, Nutria, Marderhund, Bisam, Waschbär sowie die Wander- und die Hausratte.

Artenschutz

Auch wenn vielen Gartenbesitzern der Haufenwerfer ein Dorn im Auge ist, so können Sie ihm nicht so einfach nachstellen, wie Sie es vielleicht gern möchten. Von Zeit zu Zeit erreichen mich hilfesuchende Anfragen von Gartenbesitzern, die einen Maulwurf aus ihrem Garten „entfernt" haben möchten. Das geht nicht so einfach, denn da der Maulwurf zu den **geschützten Arten** gehört, darf er weder gefangen noch getötet werden.
Zum Glück ist der Maulwurf bei uns nicht vom Aussterben bedroht, sonst würden wir ihn in der „Roten Liste" finden können. In dieser sind alle Arten aufgeführt, deren Gefährdung anzunehmen ist (Vorwarnliste), weiterhin extrem seltene Arten (meist aufgrund ihres bevorzugten Lebensraums), gefährdete und stark gefährdete Arten sowie die Arten, die vom Aussterben bedroht sind oder bereits ausgestorben oder verschollen sind. Dass der Maulwurf in der Roten Liste nicht geführt wird, sagt uns, dass sein Bestand bei uns nicht gefährdet ist.
Jetzt könnten Sie vielleicht denken, wenn der Maulwurf nicht vom Aussterben bedroht ist und noch nicht einmal auf der Vorwarnliste steht, dann kommt es auf einen mehr oder weniger ja nicht an. Das ist falsch: Denn obwohl der Maulwurf nicht in der Roten Liste geführt wird, so genießt er doch einen besonderen, gesetzlich verankerten Schutzstatus. Dieser ist in der Verordnung zum Schutz wild lebender Tier- und Pflanzenarten, kurz: Bundesartenschutzverordnung, festgelegt.
Damit wäre geklärt, dass der Maulwurf zu den besonders geschützten Tierarten zählt. Nun stellt sich die nächste Frage: Was bedeutet es, wenn eine Tierart diesen gesetzlich verankerten Schutz genießt? Im Gesetz über Naturschutz und Landschaftspflege (Bundesnaturschutzgesetz BNatSchG) vom 25. März 2002 und dessen letzten Änderung vom 8. April 2008 ist im § 42 Vorschriften für besonders geschützte und bestimmte andere Tier- und Pflanzenarten zu lesen: Es ist verboten, wild lebende Tiere der besonders geschützten Arten nachzustellen, sie zu fangen, zu verletzen oder zu töten oder ihre Entwicklungsformen aus der Natur zu entnehmen, zu beschädigen oder zu zerstören.
Jetzt haben Sie die Antwort auf die Frage, wie können Sie einen Maulwurf wieder loswerden? Da Sie ihm weder nachstellen noch ihn fangen dürfen, eine **Vergrämung** aber nicht ausdrücklich verboten ist, liegt darin also Ihre Chance: Sorgen Sie dafür, dass sich der Maulwurf in Ihrem Garten nicht wohl fühlt.

Einen Maulwurf vertreiben

In den letzen Jahrhunderten war der Maulwurf noch als Todesbote gefürchtet: Damals glaubten die Menschen, dass ein Bewohner des Hauses sterben würde, sobald ein Maulwurf seinen Erdhaufen in einem Haus warf. Dieser Aberglaube ist in der heutigen Zeit so gut wie gar nicht mehr bekannt, zumal es dem Maulwurf auch nur schwerlich gelingen würde, seinen Haufen durch die feste Bodenplatte eines Hauses zu werfen, die heute anstelle der festgestampften Lehmschicht üblich sind.
Heutzutage ist der Maulwurf „nur" ein Lästling im heimischen Garten, den die meisten am liebsten

schnell wieder loswerden möchten. Obwohl Ihnen der Maulwurf durch seine Anwesenheit zeigt, dass Ihr Gartenboden nicht der schlechteste ist und Sie störende Erdhaufen relativ schnell wieder beseitigen können, wurden in den letzten Jahrzehnten viele Versuche unternommen und verschiedene Maßnahmen ausprobiert, wie man den Maulwurf vertreiben kann.
Die meisten der daraus gewonnenen Hausmittel zielen darauf ab, den schwarzen Haufenwerfer mittels unangenehmen Gerüchen aus dem Garten zu vertreiben. Da der Maulwurf einen sehr ausgeprägten Geruchssinn besitzt, ist dieser Ansatz sehr vielversprechend. In der Fachwelt werden die verschiedenen Hausmittel allerdings mit großer Skepsis betrachtet, weil sie nicht immer den gewünschten Erfolg erzielen. Aber nichtsdestotrotz gibt es Gartenfreunde, die mit ihren ganz persönlichen Mitteln in ihrem Garten sehr gute Erfolge erzielen, die aber in anderen Gärten überhaupt keine Wirkung zeigen. Der Grund für die oftmals sehr unterschiedliche Wirkung desselben Mittels kann eventuell auch an der Dichte des Bodens liegen, die ein mehr oder weniger schnelles Verfliegen des Duftes bewirkt, aber auch darin, wie konsequent und ausdauernd eine Maßnahme durchgeführt wird.

Vertreiben durch Gerüche

Die wohl bekanntesten Hausmittel, die einen Maulwurf in die Flucht schlagen sollen, sind die mit den verschiedensten **Flüssigkeiten getränkten Lappen**, die in das Gangsystem des Maulwurfs gesteckt werden. Zu den meist verwendeten leicht gasenden Flüssigkeiten zählen unter anderem Benzin und Petroleum. Aber auch Feststoffe wie Kabit, Kalkstickstoff (einen Esslöffel) und Mottenkugeln (zwei bis drei Stück), die etwa alle 2 Meter in den Gang eingebracht werden, verfehlen ihre Wirkung oftmals nicht. Weiterhin wurden Maulwürfe auch schon mit Speisezwiebeln, Knoblauch und ungekochten Fischabfällen vertrieben. Den ätherischen Ölen von Nussbaum, Holunder und Rosenlorbeer werden ebenfalls vergrämende Wirkung zugesprochen, ebenso Thujazweigen. Erfolgsversprechend ist auch das Ausbringen eines angesetzten Gemisches aus Molke und Buttermilch.

Tipp

Vergrämungsmittel aus Molke und Buttermilch

1 Teil Buttermilch werden mit 3 Teilen Molke gemischt. Gießen Sie von diesem Gemisch etwa eine Tasse voll in den Gang eines jeden Erdhaufens. Berichten zufolge kann die Wirkung dieses Vergrämungsmittels noch gesteigert werden, wenn es vor dem Ausbringen zwei bis drei Tage an einen warmen Ort gestellt wird.

Aber auch Brennnessel- und Holunderjauche können einen Maulwurf vertreiben. Zum Ansetzen von **Holunderjauche** geben Sie 1 Kilogramm Holunderblätter in 10 Liter Wasser. Die angesetzte Jauche bleibt etwa zwei Wochen stehen. Achten Sie dabei darauf, dass die Blätter stets unterhalb des Wasserspiegels liegen. Notfalls müssen Sie sie beschweren. Die fertige Jauche wird vor der Anwendung 1 : 5 mit Wasser verdünnt. Anschließend geben Sie etwa eine Tasse davon in jeden unter den Maulwurfshügeln freigelegten Gang. Jauchen können das ganze Jahr hindurch eingesetzt werden; es lohnt sich daher, rechtzeitig ausreichend Jauche für die kalte Jahreszeit bereit zu stellen.
Wenn Sie es einfacher mögen, können Sie auch im Fachhandel verschiedene gebrauchsfertige Produkte erwerben, die auf der Basis von natürlichen und umweltfreundlichen Trägerstoffen (zum Beispiel Lavasteine) hergestellt sind, denen ein „Geruchszusatz", wie zum Beispiel ätherische Öle, zugesetzt wurden.

Weitere Maßnahmen zum Vertreiben

Einige Vergrämungsmethoden, wie beispielsweise das Herstellen und Ausbringen von Jauche, setzen ein hohes Maß an Engagement voraus, wobei auch durchaus sehr einfache Methoden zum Ziel führen können. So konnten schon viele Gartenbesitzer einen Maulwurf mit dem einfachen **Fluten seiner Gänge** vertreiben oder sie hatten ihn durch das Schütten von Glasscherben in den Gang davon überzeugt, einen anderen Bereich zu besiedeln.

Mehr Erfindergeist ist gefordert, wenn Vorrichtungen entwickelt werden sollen, mit dessen Hilfe Geräusche in den Boden übertragen werden. Diese Maßnahmen reichen von schräg in den Boden eingegrabenen Flaschen, bei denen der Wind **Heulgeräusche** erzeugt, bis hin zu in den Boden getriebenen Eisenstangen, an denen ein kurzes Eisenteil hängt. Neben Eisenstangen eignen sich auch Glasflaschen, an die ein Holzstück schlägt. Das durch den Wind betriebene, selbst gemachte „Glockenspiel“ soll unangenehme Geräusche erzeugen, die den Maulwurf vertreiben.

Auch hierzu bietet der Fachhandel verschiedene batterie- oder solarbetriebene Produkte an, die **Schwingungen** in den Boden übertragen. Allerdings sollten Sie beachten, dass sich ein Maulwurf hauptsächlich durch sein Geruchs- und Tastsinn orientiert. Inwieweit unangenehme Geräusche und Bodenschwingungen seinen Tatendrang beeinflussen, bleibt je nach Geräusch und Schwingungsquelle abzuwarten.

Maulwurf oder Wühlmaus?

Damit Sie nicht versehentlich Jagd auf einen Maulwurf machen, der eigentlich eine Wühlmaus ist, müssen Sie das Gangsystem des Maulwurfs sicher von dem einer Wühlmaus unterscheiden können. Ihnen soll ja kein geschützter Maulwurf in eine aufgestellte Falle hineinlaufen. Daher nehmen Sie vor dem Aufstellen einer solchen Falle das vorliegende Gangsystem erst einmal etwas genauer in Augenschein. Auch wenn es auf den ersten Blick sicher erscheint, zu welcher Spezies der Gang und die Haufen gehören, gebe ich Ihnen ein paar Tipps, anhand denen Sie eine eindeutigere Unterscheidung vornehmen können als durch die subjektive Empfindung.

Eine Rohrfalle fängt Tiere lebendig; im Zweifelsfall sollte sie eingesetzt werden.

Maulwurfshaufen sind in der Regel deutlich größer als die einer Wühlmaus. Zudem sind Maulwurfhaufen halbkugelförmig, während die länglichen **Erdhaufen einer Wühlmaus** eher flacher sind. Letztere messen oft nicht mehr als eine geballte Faust.

Nimmt man sich die Zeit und untersucht die herausgeworfene Erde, so weist die von einer Wühlmaus an das Tageslicht beförderte Erde Pflanzenteile auf. Im Gegensatz dazu ist die Erde, die ein Maulwurf an die Erdoberfläche drückt, frei von Pflanzenteilen.

Ein weiteres Kriterium liefert Ihnen die **Lage des Ganges** zum Erdhaufen. Während der Maulwurf direkt über seinen Gang den Haufen wirft und der Gang somit unterhalb eines Haufens in zwei Richtungen verläuft, schiebt die Wühlmaus die Erde in einem schräg nach oben verlaufenden Gang an die Erdoberfläche. Somit finden wir unter einem Erdhaufen der Wühlmaus auch nur einen Gang, der leicht schräg nach unten verläuft.

Maulwurfshügel erscheinen oftmals, als seien sie an einer Schnur aufgezogen, und ein **Gangverlauf** kann relativ einfach nachvollzogen werden. Da sich bei der Wühlmaus die Haufen am Ende kleinerer Seitengänge befinden, an denen der Abraum an das Tageslicht gebracht wird, und sie im Allgemeinen auch nicht so viele Erdhaufen anlegt wie ein Maulwurf erscheint der Gangverlauf nicht eindeutig.

Wenn Sie sich dann auch noch das **Gangprofil** des heimlichen Gartengräbers anschauen, so erscheint der Maulwurfsgang eher rundlich bis breitoval und Pflanzenwurzel können in ihn hineinragen, während die Wühlmaus ein hochovales Gangprofil zurücklässt, in dem abgefressene Wurzel oder auch Pflanzenreste gefunden werden können. Zudem ist die Gangdecke der Wühlmaus fester als die des Maulwurfs, da die Wühlmaus diese durch Drücken mit dem Kopf an die Gangoberseite verdichtet und so auch einen gewissen Teil der anfallenden Erde entsorgt. Der Maulwurf nutzt den Gang als Fallgrube, und somit kann ihm eine lockere Gangdecke nur entgegenkommen.

Nehmen wir uns die Zeit, ein Gangsystem einmal genauer anzusehen, kann auch der Ungeübte recht schnell eine Zuordnung zu Maulwurf oder Wühlmaus vornehmen. Dank deutlicher Unterschiede kann ein Gangsystem leicht und sicher einem Tier zugeordnet werden. So laufen Sie nicht Gefahr, dass Ihnen ein geschützter Maulwurf in die Falle geht.

Die Wühlmaus

In jedem Heimwerkermarkt ist der Dauerbrenner **Wühlmausfalle** zu finden; manchmal kann man auch zwischen verschiedenen Modellen wählen. Aber auf welche Falle sollte die Wahl fallen? Meist wird dann nach der sympathischen jungen Frau oder dem Herrn Ausschau gehalten, der die Vor- und Nachteile der jeweiligen Fallentypen näher erläutern kann. Im Verkaufsgespräch wird offeriert, dass die Wühlmaus schon so gut wie gefangen ist, wenn man eine dieser Fallen mitnimmt und aufstellt. Der Fallentyp sei dabei ein wenig Geschmackssache,

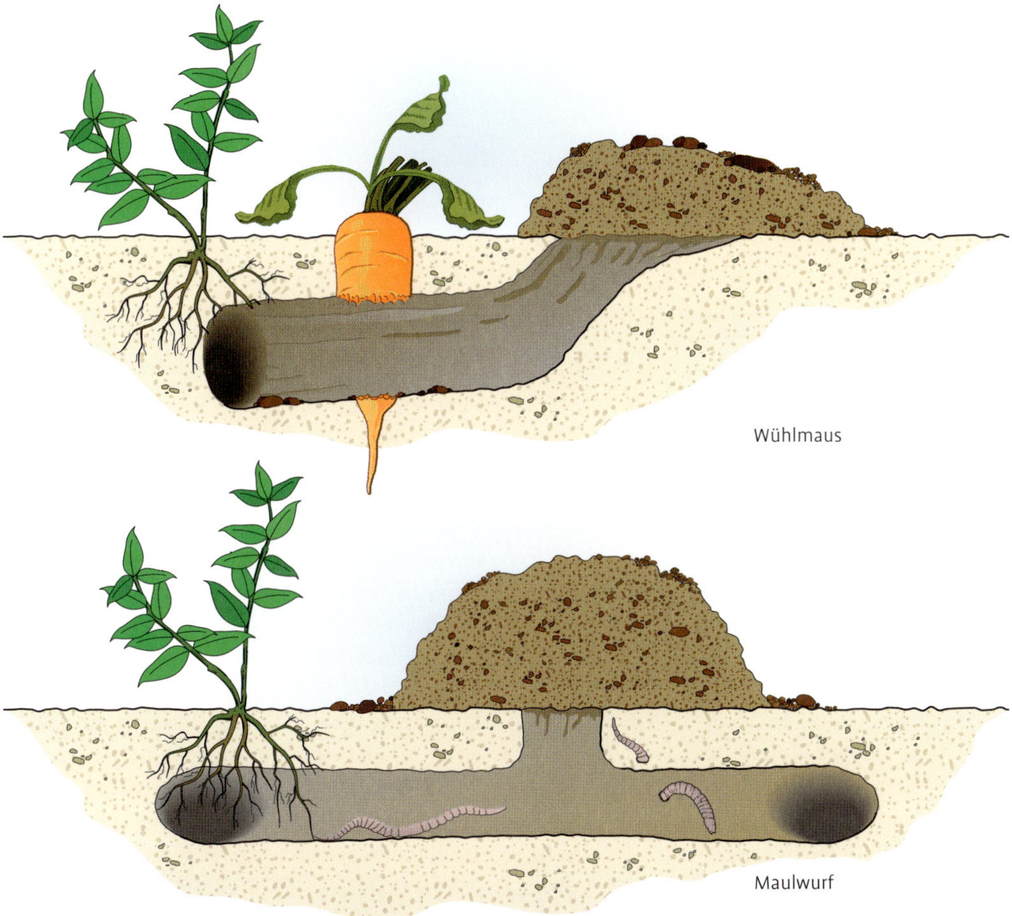

Oben: Wühlmaus – abgeflachter Erdhaufen mit einem schräg nach unten verlaufenden Gang.
Unten: Maulwurf – der Gang verläuft unterhalb des Maulwurfhaufens.

Wühlmäuse können Zierpflanzen empfindlich schädigen oder sogar zum Absterben bringen.

so die Angaben des Verkäufers, es gäbe Fallen, die recht kompliziert in der Anwendung wirken, und solche, die von ihrem Aufbau schon mehr an eine „Falle" erinnern. Neben dem Aussehen fällt letztendlich auch über den Preis die Entscheidung. Und so landet dann schließlich in den meisten Fällen die preisgünstigere Wühlmausfalle im Einkaufwagen. Wenn ohnehin alle gleich gut sind, warum also Geld zum Fenster rauswerfen?

Zu Hause angekommen, kennt der Tatendrang keine Grenzen mehr. Mit der auserwählten Falle und einer kleinen Schaufel bewaffnet steht man dann endlich vor dem Blumenbeet, beziehungsweise vor dem, was davon noch übrig geblieben ist. Mit wutverzerrtem Gesicht, aber schon angesichts des bevorstehenden Endes des Übertäters mit einem hämischen Grinsen auf den Lippen wird die Falle inmitten von angefressenen Pflanzen postiert. In den darauffolgenden Tagen ist man damit beschäftigt, die Falle immer wieder aufs Neue von Erde zu befreien, und sie erneut wieder aufzustellen. Keine Wühlmaus geht in die Falle – und so wird eines Tages völlig resigniert aufgegeben. Es befinden sich ja sowieso keine Pflanzen mehr in dem Beet, die es zu schützen gilt, und die Lieblingsblumen liegen ohnehin seit gestern auf dem Komposthaufen ...

Ich hoffe, das von mir beschriebene Szenario bleibt Ihnen in Ihrem Garten erspart. Und dennoch spielt es sich so oder in einer ähnlichen Form gewiss immer wieder bei geplagten Gartenbesitzern ab. Eine Wühlmaus zu fangen, ist gar nicht so einfach und stellt sich vielmals als ein schier unlösbares Problem dar. Und dabei dachten Sie, es sei das Einfachste der Welt.

Diese Misserfolge beruhen zum einen auf Fehlern, die beim Aufstellen der Falle gemacht wurden, oder aber ist auf Unkenntnis über das Verhalten von Wühlmäusen zurückzuführen. Machen Sie sich die Mühe und informieren Sie sich darüber, wie sich Wühlmäuse verhalten. Dann ist es nur noch ein kleiner Schritt bis zum Fangerfolg. Wussten Sie, dass es auch Alternativen zum Aufstellen einer Falle gibt?

Nehmen Sie sich die Zeit und lesen Sie auch die nächsten Abschnitte durch und „springen" Sie nicht gleich zum Kapitel über die Bekämpfung von Wühlmäusen. Denn nach dem Lesen der folgenden Abschnitte können Sie vermutlich Ihre Fehler selbst benennen und auch abstellen. Denn ich möchte nicht, dass es Ihnen am Ende so geht wie jenem Herrn, der mich bei der Wühlmausbekämpfung um Hilfe gebeten hatte. Mit einem Murren präsentierte er sechs nacheinander erstandene, unterschiedliche Wühlmausfallen und meinte dazu, sie würden alle nicht funktionieren ...

Die Wühlmaus biologisch betrachtet

Werden in einem Garten Grab- und Wühltätigkeiten entdeckt, ist in den meisten Fällen die Große Wühlmaus zu Besuch gekommen. Sie wirkt mit ihrer Körperlänge zwischen 12 bis 22 Zentimeter und dem Gewicht von 60 bis 180 Gramm sowie ihrem recht breiten Kopf und der kurzen Schnauze ein wenig gedrungen. Zu diesem Erscheinungsbild tragen der kurze Schwanz, der in etwa die Hälfte des Körpers misst, und die tief im dichten Fell sitzenden, kleinen Ohren bei. Die Farbe des Fells kann variieren, sodass sowohl dunkelbraune bis hin zu sandfarbene Fellfärbungen anzutreffen sind. Bei zufälligen Beobachtungen einer Wühlmaus meist nicht zu erkennen ist die Färbung der Bauchseite, die immer etwas heller ist als das übrige Fell.

Verhalten

Die Große Wühlmaus ist tag- und nachtaktiv und lebt außerhalb der Paarungszeit als Einzelgänger in dem von ihr gegrabenen Gangsystem. Wurde der heimische Garten von ihr heimgesucht, könnten Sie meinen, die Wühlmaus sei pausenlos aktiv. Neue Gänge und Erdhaufen können innerhalb kürzester Zeit entstehen, egal zu welcher Tages- oder Nachtzeit. Und tatsächlich lebt der scheue Erdbewohner in einem stetigen Wechsel zwischen Aktivitäts- und Ruhephase.

Die **Aktivitätsphasen** der Großen Wühlmaus dauern in der Regel zwei bis drei Stunden und werden durch eine etwa drei bis vier Stunden dauernde **Ruhephase** abgelöst. Ist die Wühlmaus frisch ausgeruht, startet sie mit großem Tatendrang erneut durch und erweitert und repariert ihr Gangsystem.

Für viele Gartenfreunde gab es auch schon einen unangenehmen Start in die neue Saison, wenn sie feststellten, dass die Wühlmaus **keinen Winterschlaf** hält. Schnell war zu erkennen, dass der kleine, fleißige Geselle auch unter der Schneedecke aktiv war, und die kleinen Bäumchen, die letztes Jahr gepflanzt wurden, dieses Jahr wohl keine Blätter mehr bekommen würden. Ihre Gangsysteme legt die Wühlmaus bevorzugt in halbfesten, bepflanzten und mit Wurzeln durchwachsenden Böden (Nahrung) an, fester trockener sowie umgegrabener Boden wird von ihr gemieden. Somit findet sie in unseren Gärten, Obstanbaugebiete und Grünanlagen ideale Bodenverhältnisse für ihr unterirdisches Treiben.

Biologie

Große Wühlmaus

Ordnung: Nagetier (Rodentia)
Familie: Wühlmäuse (Microtidae)
Art: Große Wühlmaus *Arvicola terrestris*
Diese Art wird auch Ostschermaus oder einfach nur Schermaus genannt.

Gangsysteme

Die Wühlmaus legt ihre Gänge in unterschiedlichen Bodentiefen von 5 bis 30 Zentimeter an, wobei sie oftmals dicht unterhalb der Erdoberfläche gräbt. Das Gangsystem ist dann deutlich an der linienförmigen, sich nach oben auswölbenden Erde zu erkennen.

Auffällig an dem Gangsystem ist, dass die Wühlmaus selten Erde zu Haufen aufwirft, um den Abraum der Arbeit loszuwerden. Meist existieren nur drei bis fünf Haufen in einem Bau. Im Gegensatz zum Maulwurf, der die gesamte beim Graben der Gänge anfallende Erde zu Haufen an die Erdoberfläche befördert, bedient sich die Wühlmaus einer anderen Grabtechnik. Sie schart die Erde vor sich mit den Vorderbeinen los und befördert diese mit einer ruckartigen Bewegung unter ihren Bauch, von wo sie sie mit den Hinterläufen weiter nach hinten in den Gang schiebt. Bei dieser Tätigkeit nimmt sie auch ihre Schneidezähne zu Hilfe. Die lose Erde im Gang wird entweder festgetreten oder mithilfe des Kopfes und der Vorderbeine in einen nicht mehr benötigten Gang oder an die Erdoberfläche befördert. Die Erde wird von der Wühlmaus dabei nicht senkrecht nach oben geschoben, sondern über einen Seitengang, der schräg nach oben verläuft, ans Tageslicht befördert. Hierin liegt auch ein sicheres Unterscheidungsmerkmal zum Maulwurf, dessen Erdhaufen in den meisten Fällen über den eigentlichen Gängen liegen.

In lockerem Boden verdichtet die Wühlmaus die überflüssige Erde nach oben hin, sodass meist nicht einmal Erdhaufen zu entdecken sind. Das so entstehende Gangprofil ist hochoval mit einer Breite von in etwa 5 Zentimeter (als Faustformel etwa vier Finger) und eine Höhe von 5,5 bis 9 Zentimeter. Die Gesamtlänge des Gangsystems kann durchaus bis zu knapp 100 Meter aufweisen. Dabei überschreitet die durchschnittlich „bewohnte" Fläche einer Wühlmaus selten eine Größe von 20 x 20 Meter, meist wird eine kleinere Fläche besiedelt.

In dem Gangsystem legt die Wühlmaus auch ihr **Nest** und eine **Vorratskammer** an. Das Kugelnest, das aus Gras gebaut wird, liegt in der Regel zwischen 20 bis 40 Zentimeter tief, bevorzugt zwischen dem Wurzelwerk von Bäumen oder Sträuchern. Meist wird auch gleich die Vorratskammer in der unmittelbaren Nähe des Nestes angelegt.

Weiterhin besitzt das Gangsystem auch **Öffnungen** an der Erdoberfläche, die in einen oberirdischen Weg (Wechsel) übergehen. Wühlmäuse fressen an besonders geschützten Bereichen auch an der Erdoberfläche oder nehmen sich Pflanzenteile mit in ihren Bau, um sie in Sicherheit fressen zu können. Die Öffnungen haben auch den Zweck, das Gangsystem zu belüften, und werden, wenn sie nicht mehr benötigt werden, verwühlt oder mit Pflanzenteilen verschlossen. Auf eine „Fremdöffnung" reagiert die Wühlmaus relativ schnell, und so werden geöffnete oder beschädigte Gänge meist schon nach wenigen Minuten wieder verschlossen. Dabei „verwühlt" sie die Öffnungen mit loser Erde.

Fortpflanzung

Nach nur 20 bis 22 Tagen Tragzeit bringt die Wühlmaus ihren Nachwuchs in ihrem unterirdischen Kugelnest zur Welt. Der Wurf einer Wühlmaus besteht meist aus drei bis sechs Jungtieren, in seltenen Fällen kann ein Wurf auch aus mehr als sechs Jungen bestehen.

In den ersten zwei Wochen werden die Jungtiere von ihrer Mutter gesäugt, und schon nach drei Wochen verlassen die jungen Wühlmäuse das Nest. Sie beginnen mit dem Erlangen der Selbstständigkeit sofort ihre eigenen Gänge zu graben und sind bereits nach zwei Monaten geschlechtsreif. Wühlmäuse können sich drei- bis fünfmal pro Jahr in der Zeit von März bis Oktober fortpflanzen.

Angesichts dieser Zahlen ist es auch verständlich, dass diese Spezies zu einer Landplage werden kann. Schneereiche Winter begünstigen ihre Ausbreitung, weil Wühlmäuse unter der schützenden Schneedecke ihre Gänge ausweiten und in aller Ruhe fressen können. Lange, strenge Winter und kalte, feuchte Herbsttage sind ein Garant dafür, dass es im darauffolgenden Jahr vermutlich keine Wühlmausplage geben wird.

Bei einer „**Wühlmausplage**" sind 1000 Tiere pro Hektar keine Seltenheit, wie sie aus Teilen Süddeutschlands sowie dem Juragebiet in Frankreich bekannt wurden.

Ernährung

Im Jahr 2003 erlebten die Landwirte im Juragebiet ihren ganz persönlichen Albtraum, als sie mit ansehen mussten, wie Abertausende von Wühlmäusen ihre Wiesen und Felder in ödes Brachland verwandelten. Flächen, auf denen Kühe weiden sollten, verstaubten daraufhin in der Sonne und wiesen keine grünen Flecken mehr auf. Der Landwirtschaft entstand in jenem Jahr ein vermuteter Gesamtschaden von 40 Millionen Euro. Diese Zahl wird Ihnen schnell verständlich, wenn Sie sich vor Augen führen, dass eine Wühlmaus 100 Gramm pflanzliche Nahrung pro Tag benötigt. Bei 1000 Tieren pro Hektar liegt die Gesamtmenge der benötigten Pflanzenkost bei 100 Kilogramm pro Tag.

Das eigentliche Problem liegt darin, dass die Pflanzen durch die Wühlmaustätigkeit nachhaltig

Gerade junge Pflanzen wie diese Bäume sind durch den Fraß von Wühlmäusen besonders gefährdet.

geschädigt werden. Da Wühlmäuse die Pflanzen sowohl oberirdisch als auch unterirdisch fressen, wird ihnen die Fähigkeit genommen, nachzuwachsen, wie sie es zum Beispiel nach dem Abweiden durch Kühe tun können. Geht man weiter davon aus, dass jedes Wühlmauspärchen theoretisch im einem Jahr 40 Nachkommen hat, ist die Katastrophe perfekt. Damals traf die Massenvermehrung der Wühlmäuse alle Betroffenen völlig unvorbereitet, obwohl bekannt war, dass es in Abständen von fünf bis acht Jahren zu einer Massenvermehrung von Wühlmäusen kommen kann.

Wühlmäuse sind fast ausschließlich **Pflanzenfresser**. Zwar fressen sie gelegentlich auch mal Würmer oder Insekten, aber als eine alternative Ernährung ist dieses nicht zu sehen. Viel lieber fressen sie die jungen Wurzeln von Obstbäumen, Laub- und Nadelbäumen sowie Ziergehölzen. Neben krautigen Pflanzen und Gräsern verschonen Wühlmäuse auch Gemüse und Blumenzwiebeln nicht. Bei einem Tagesbedarf von etwa 80 % des eigenen Körpergewichts werden wahrscheinlich 60 bis 100 Gramm Pflanzenteile pro Tag aus Ihrem Garten verschwinden, sollte sich eine Wühlmaus darin breit machen, sodass nach einigen Tagen die „kleine Katastrophe" deutlich sichtbar wird.

Schäden

Vor einigen Jahren war ich Zeuge, wie mein damaliger Nachbar im Frühjahr seine im Herbst eingepflanzte Buchenhecke begutachtete und sich wunderte, dass einige Pflanzen nicht ausgetrieben waren. Als er an diese Pflanzen herantrat, merkte er, dass sie locker im Boden saßen. Nach einem sachten Ziehen hielt er dann auch schon die erste Pflanze in der Hand, jedoch ohne Wurzeln. Diese Szenerie wiederholte sich ein paar Mal, und danach wies die Hecke eine beachtliche Lücke auf. Mein Nachbar war darüber doch sehr erstaunt und verärgert zugleich, aber der Übeltäter war schnell ermittelt: Eine Wühlmaus hatte die neuen Pflanzen auf dem Gewissen. Ich muss zugeben, dass ich mindestens ebenso erschrocken war, denn gleich daneben standen ja auch meine Pflanzen.

In den Wintermonaten fressen Wühlmäuse vor allem an den Wurzeln von Pflanzen, während in den vegetationsreichen Monaten auch die frischen, saftig grünen Pflanzenteile ihren Speisezettel erweitern. Die Schäden, die dabei oberirdisch an den Pflanzen entstehen, sind in den meisten Fällen gering. Der winterliche **Wurzelfraß** kann jedoch erhebliche Schäden anrichten. Betroffene Bäume treiben nur noch spärlich oder gar nicht mehr aus, geschwächte Bäume werden anfälliger für Pilze und Schadinsekten. Somit zählt die Wühlmaus zu den unbeliebtesten Gästen in den Obstanbaugebieten. Bei einer Umfrage, die die Biologische Bundesanstalt für Land- und Forstwirtschaft im Jahr 2002 bei Obstbaubetrieben durchgeführt hatte, war das Ergebnis, dass 90 % aller Betriebe Probleme mit Wühlmäusen haben.

In den Gärten kann teilweise beobachtet werden, dass Wühlmäuse kleinere Pflanzen (wie zum Beispiel Löwenzahn) nach dem Abfressen der Wurzel in die Erde hineinziehen und dort ebenfalls verspeisen. Fein, könnten Sie jetzt denken, dann brauche ich nicht mehr das Unkraut ziehen – aber Wühlmäuse sind auch in der Lage, Rasenflächen durch die Wühltätigkeiten zu zerstören und spätestens dann ist die Freude verflogen. Ein weiterer Schaden, der in den Gärten oftmals zu beobachten ist, sind Pflastersteine oder auch ganze Gehwegplatten, die durch die Grabtätigkeiten absacken und so gefährliche Stolperkanten bilden. Gerade ältere Menschen ziehen sich bei Stürzen über solche Kanten schwerwiegende Verletzungen zu.

Wühlmäuse bekämpfen

Um den eigenen Garten vor einer Wühlmausplage zu schützen, sollte dieser rechtzeitig und regelmäßig auf einen eventuellen Wühlmausbefall hin kontrolliert werden. Die ideale Zeit hierfür wäre das zeitige Frühjahr, bevor sich die Wühlmäuse vermehren können. Bei einer rechtzeitig eingeleiteten Bekämpfungsaktion kann einem Wühlmausbefall schnell der Garaus gemacht werden, bevor größere Schäden entstehen. Bei einer abwartenden Haltung hingegen besteht die Gefahr, später der Entwicklung hinterherlaufen zu müssen.

Werden bei der Inspektion des Gartens Anzeichen gefunden, die auf den unterirdisch lebenden Nager hindeuten, sollte als Erstes geprüft werden, ob die Gänge von der Wühlmaus auch noch genutzt werden. Durch eine einfache **„Verwühlprobe“** kann in wenigen Stunden bereits das Rätsel gelüftet sein. Es empfiehlt sich, die Verwühlprobe gleich an mehreren Stellen durchzuführen, damit der Befall eingegrenzt werden kann. Wenn Sie einen größeren Garten beziehungsweise dicht bewachsenen Beete ihr Eigen nennen, sollten Sie die jeweiligen Stellen, an denen Sie die Verwühlprobe durchgeführt haben, kennzeichnen, damit Sie diese später wiederfinden, falls die Gänge wieder komplett geschlossen sind.

Haben Sie darüber Gewissheit, dass in Ihrem Garten eine Wühlmaus ihr Unwesen treibt, sollten Sie sich zügig von dem Pflanzenschädiger trennen. Einen Wühlmausgang, der Ihnen nicht offensichtlich ins Auge sticht, können Sie mithilfe eines Suchstabs entdecken. Als **Suchstab** kann ein dünner Metallstab oder aber auch zum Beispiel dünne Bambusstäbe oder ähnliche, dünne und stabile Stäbe genommen werden. Mit diesem wird zwischen zwei Erdhaufen oder in einer Entfernung von etwa 50 Zentimeter zum Erdhaufen der Wühlmausgang gesucht. Dazu stecken Sie den Stab in 5 Zentimeter Abständen in bogenförmigen Linien um den Erdhaufen herum in die Erde. Sackt der Stab kurz nach Durchdringen der oberen Erdschicht ruckartig ein, hat man einen Wühlmausgang gefunden.

Tipp

Verwühlprobe

Durch die sogenannte „Verwühlprobe“, bei der ein Gang einer Wühlmaus auf einer Länge von 20 bis 30 Zentimeter geöffnet wird, können Sie herausfinden, ob dieser noch von einer Wühlmaus genutzt wird. Ist dies der Fall, ist er spätestens nach einigen Stunden, spätestens am Folgetag, wieder verschlossen.

Wühlmausfallen

Eine sehr zuverlässige und vor allem kostengünstige Methode, Wühlmäuse zu bekämpfen, bieten verschiedene Wühlmausfallen. Sie werden in „einseitige“ und „zweiseitige“ Fallenarten unterschieden, wobei damit die Möglichkeit der Fallenauslösung beschrieben wird. Bei einer **einseitigen Wühlmausfalle** kann der Nager nur von einer Seite aus in die Falle gelangen, wie es zum Beispiel bei der „Bayerischen Drahtfalle“, „Neudorffs Wühlmaus-Fänger“ oder der „Badischen Drahtfalle“ der Fall ist. **Zweiseitige Fallen** sind zum Beispiel die „Tomcat-Falle“ oder die „Zangenfalle“. Bei ihnen kann die Wühlmaus von beiden Seiten an den bereitgestellten Köder gelangen. Beim Auslösen der Falle wird die Wühlmaus durch den Mechanismus im Idealfall im Genick erfasst und getötet, somit ist der Erfolg der Maßnahme eindeutig festzustellen.
Während die bereits genannten Fallentypen eine Wühlmaus beim Auslösen des Mechanismus direkt in der Falle töten, haben wir mit der „Kieferle-Schussfalle“ einen Exoten unter den Wühlmausfallen. Die **Schussfalle**, die mit einer Platzpatrone „geladen“ wird, erzeugt beim Auslösen einen extremen Überdruck in dem Gang, in dessen Folge die Lungen der Wühlmaus reißen und sie somit getötet wird. Ein großer Vorteil dieser Falle ist, dass sie nicht beködert werden muss, sondern einfach in den vorab vorbereiteten Gang eingeführt wird. Versucht die Wühlmaus dann diesen geöffneten Gang wieder zuzuschütten, löst die Erde, die sie vor sich herschiebt, die Falle aus. Der Nachteil dieser Falle ist ihr

Wichtig

Achtung, Schussfalle!

Von einer Schussfalle für Wühlmäuse geht eine nicht unerhebliche Gefahr aus. Sie sollten keine Anwendung finden, wenn zum Beispiel Kinder im Garten spielen oder Ihre Haustiere an allem Interesse zeigen.

1

2
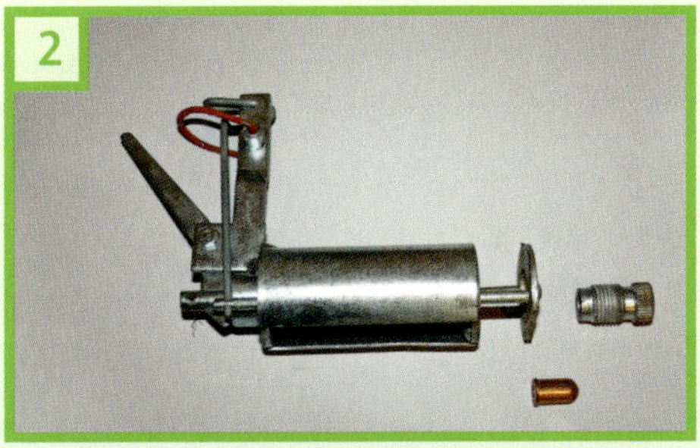

3

1) Verschiedene Wühlmausfallen

2) Kieferle-Schussfalle mit Platzpatrone

3) Schussfalle im Gang und entsichert

Preis, der etwa bei knappen 40 Euro liegt, sowie die Folgekosten (Platzpatronen). Zwar kann ein Auslösen der Falle sofort erkannt werden, jedoch wird das getötete Tier durch die Druckwelle 30 bis 40 Zentimeter in den Gang zurückgedrückt. Nicht immer kann die Wühlmaus danach gefunden werden, sodass der Erfolg nur indirekt nachzuweisen ist.

Alternativ können Sie für die Wühlmausbekämpfung auch eine **Röhrenfalle** bekommen, die lebend fängt. Durch eine einfache Metallklappe an beiden Öffnungen der Röhre, die sich nur nach innen öffnen lässt, wird die Wühlmaus eingesperrt, wenn sie in die Röhrenfalle läuft. Die Fallen können ebenfalls relativ einfach in das Gangsystem geschoben werden, sollten aber mindestens zweimal am Tag kontrolliert werden, damit ein gefangenes Tier darin nicht elendig zugrunde geht (Tierschutzgesetz). Als problematisch kann sich jedoch die Entnahme des gefangenen Tieres erweisen, wenn sie durch die Klappe wieder nach draußen befördert werden sollen. Auch setzen Sie sich so dem Risiko aus, von einer Wühlmaus gebissen zu werden, wenn Sie ihr an einem anderen Ort die Freiheit schenken möchten. Um diese Schwierigkeit zu umgehen, können im Fachhandel auch zweiteilige Röhrenfallen erworben werden, die sich bei einem Fangerfolg einfach auseinanderziehen lassen und die Wühlmaus dabei wieder freigeben.

Fallen stellen

Auch wenn es Ihnen in den Fingern juckt, den Machenschaften der Wühlmaus schnell ein Ende zu bereiten, sollte Sie beachten, dass „verwitterte“ Fallen einen höheren Fangerfolg versprechen. Um diesen zu erzielen, sollten neue Fallen vor dem Einsatz mindestens einen Tag mit Erdkontakt ins Freie gelegt werden. Möchten Sie diese Zeit nicht investieren, können Fallen auch mit Erde oder aber mit dem später verwendeten Köder gründlich abgerieben werden.

Beim Arbeiten mit Fallen empfiehlt es sich, **Handschuhe** zu tragen, denn man ist sich unter Experten nicht einig, ob der Geruch des Menschen die Wühlmaus abschreckt. Auch wenn dies vermutlich nicht der Fall ist, sollten Sie dennoch auch daran denken, dass Wühlmäuse Krankheiten übertragen können, vor denen man sich besser schützen sollte. Auch kann es passieren, dass ein Nager nicht getötet, sondern „nur“ verletzt und eingeklemmt wurde. Dann schützt Sie der Handschuh zum Teil vor Bissen, wenn Sie die Wühlmaus aus der Falle befreien.

Haben Sie die Falle vorbereitet, legen Sie den Wühlmausgang, an dem Sie zuvor die Verwühlprobe durchgeführt haben, wieder frei. Um die Falle gut einpassen zu können, sollten etwa 30 Zentimeter des Ganges freigelegt werden. Anschließend wird die Falle an den Gang angepasst.

Eine Kastenfalle aufstellen

Eine Kastenfallen wird so in den noch intakten Gang angesetzt und angepasst, dass sie stabil steht und den Gang möglichst dicht abschließt. Anschließend wird sie noch einmal entfernt und die lose Erde, die bei den Anpassarbeiten in den Gang gefallen ist, wieder herausgenommen. Der Gang sollte frei von loser Erde sein. Statt sie zu entfernen, kann die Erde auch mit den Fingern an den Gangboden festgedrückt werden.

Wurde der Gang entsprechend vorbereitet, wird die mit einem Köder versehene und eingeriebene Falle (um den Fangerfolg zu erhöhen) vor den Gang gestellt, und zwar so, dass dieser möglichst lichtdicht verschlossen wird. Hier scheiden sich die Geister. Die einen sagen, möglichst lichtdicht verschließen, damit die Wühlmaus nicht anfängt, den beschädigten Gang zu reparieren und Erde in die Falle zu schieben. Andere gehen davon aus, dass durch einen geringen Lichteinfall oder auch Zugluft die Wühlmaus schneller auf den angebotenen Köder aufmerksam wird, weil sie die defekte Stelle in ihrer Behausung sucht. Letztendlich werden beide Methoden zum Erfolg führen, und sollte die eine Methode bei Ihnen und Ihrer Wühlmaus nicht fruchten, haben Sie einen „Plan B“.

Da es sich bei Kastenfallen um einseitige Fallen handelt, sollte vor beiden Gangöffnungen je eine Falle gestellt werden, da Sie nicht wissen, von welcher Seite die Wühlmaus den Gang durchlaufen wird. Ebenfalls können Sie den Fangerfolg steigern, wenn Sie die Fallen nicht vor einer Gangbiegung

oder direkt an einen aufgeworfenen Haufen stellen, die an seltener belaufenen Blindgängen liegen.
Sind die Wühlmausfallen gestellt, sollten sie regelmäßig kontrolliert werden. Sinnvoll wären alle zwei Stunden, aber zumindest einmal am Tag müssen Sie nach der Falle schauen. Ist ein Nager in die Falle gegangen, wird dieser entfernt und die Falle erneut gestellt, bis Sie keine Wühlmäuse mehr fangen.

Eine Drahtfalle aufstellen

Eine Drahtfalle sollte vor dem „scharf" stellen genau in den Gang eingepasst werden, denn im Gegensatz zur Kastenfalle wird diese in den Gang der Wühlmaus geschoben und sollte in diesem auch fest liegen. Dabei ist darauf zu achten, dass die Auslösevorrichtung dicht über dem Boden (höchstens 1 Zentimeter hoch) zu liegen kommt. Nach dem Postieren der Drahtfalle wird der Gang hinter der Falle abgedeckt, entweder mit einer Grassode, einem kleinen Brett oder Ähnlichem.
Ebenso wie bei der Kastenfalle sollte auch hier eine regelmäßige Kontrolle erfolgen. Leider kann nach dem Abdecken des Ganges nicht von außen erkannt werden, ob der Übeltäter in die Falle gegangen ist. Somit müssen Sie bei jeder Kontrolle die Abdeckung entfernen.

Giftköder

Neben den Fallen ist das Ausbringen von verschiedenen Giftködern eine weitere, leicht durchzuführende Bekämpfungsmethode. Dabei muss ich jedoch gleich vorweg schicken, dass eine Bekämpfung mit gebrauchsfertigen Giftködern nur in der vegetationsarmen Zeit erfolgsversprechend ist, obgleich die Verpackungsaufdrucke verschiedener Präparate erklären, dass sie das ganze Jahr hindurch angewendet werden können.
Sehen wir unseren sommerlichen Garten doch einmal aus der Sicht einer Wühlmaus. Zur Wahl stehen: „trockene Press-Stücke" (der Giftköder) und die saftigen Wurzeln aus dem bereits in voller Pracht stehenden Garten. Wie wird sich die Wühlmaus wohl entscheiden? Ab dem Spätherbst ist die Gefahr, dass die Wühlmaus Ihren Giftköder verschmäht, deutlich geringer.
Giftköder sind mit verschiedenen Wirkstoffen erhältlich, die dem eigentlichen Ködermaterial (meist Möhren oder Johannisbrot) beigemischt werden. Neben einem Antikoagulantien (Blutgerinnungshemmer) ist auch der Wirkstoff Zinkphosphid sehr verbreitet. Während bei den **Antikoagulantien** die unerwünschten Nager mehrmals von dem Giftköder fressen müssen, um eine tödliche Dosis zu erhalten, genügt bei **Zinkphosphidpräparaten** eine einmalige Aufnahme, die in kurzer Zeit den Tod des Nagers herbeiführt. Die schnelle Wirkung dieses Köders ist auf eine chemische Reaktion zurückzuführen, bei der aus dem eigentlichen Wirkstoff unter Mitwirkung der Magensäure der tödliche Phosphorwasserstoff entsteht. Bei Blutgerinnungshemmern ist der Tod der Wühlmaus erst in zwei bis vier Tagen zu erwarten, denn erst dann ist die Blutgerinnung der Wühlmaus soweit unterbunden, dass selbst kleinste Verletzungen ein Verbluten der Tiere zur Folge haben. Aber auch ohne Verletzungen führen Antikoagulantien innerhalb von wenigen Tagen zu inneren Blutungen, die das Tier tierschutzgerecht töten.
Giftköder werden nur in den von der Wühlmaus genutzten Gängen (Verwühlprobe machen!) ausgelegt oder aber „blind" in jeden gefundenen Gang, was zweifelsohne den Köderaufwand erhöht und somit auch im Geldbeutel zu bemerken ist. Sind die Giftköder nach 24 Stunden verschwunden, wird auch diese Methode zum Erfolg führen.
Hilfreich bei der Kontrolle des Ködermaterials können spezielle Köderboxen für Wühlmäuse sein, die in dem Gangsystem, ähnlich wie Fallen, eingepasst werden können. Auch bei den Köderboxen sollte nach einem Tage eine Kontrolle erfolgen.

Tipp

Attraktiver Wühlmausköder

Frische Köder, die im eigenen Garten sonst nicht zu bekommen sind (Attraktivitätssteigerung!), eignen sich am besten. Neben abgeschabten Sellerie-, Möhren- oder auch Futterrübenstücken bieten sich auch Äpfel oder die saftigen Wurzeln des Löwenzahns an, um Wühlmäuse in die Falle zu locken.

Bei Profigeräten werden Kohlenmonoxide mit einem Gebläse in das Gangsystem der Wühlmaus gedrückt.

Begasen

Spricht man vom Begasen von Wühlmäusen, ist der Einsatz von den todbringenden Gasen Kohlendioxid, Kohlenmonoxid sowie Phosphorwasserstoff gemeint, und nicht die in den Gang eingebrachten Granulate oder Pellets aus der Dose, die durch den entstehenden Geruch Wühlmäuse vergrämen. Weil Begasungen in den meisten Fällen mit einem entsprechenden Geräteeinsatz einhergehen, kommen sie für den Hausgarten in der Regel nicht in Frage. Zudem sind die Gase Kohlenmonoxid und Phosphorwasserstoff auch für den Menschen sehr giftig und sollten daher nur von Fachleuten verwendet werden.

Auch wenn in meist ländlichen Gebieten Wühlmäuse mittels Verbrennungsmotor (Mofa, Motorfräse oder Ähnlichem) und einem entsprechenden Schlauch, der am Auspuff befestigt wird, begast wurden und noch werden, kommen in der heutigen Zeit bei Fachleuten spezielle Geräte zum Einsatz. Bei einem größeren Garten kann es daher durchaus Sinn machen, die Bekämpfung der Wühlmäuse in die Hände eines Fachmanns zu geben, um sich Zeit, Nerven oder unnötige Kosten zu sparen.

Andere Vergrämungs- und Hausmittel

Sehr bekannt und schon längere Zeit im Handel erhältlich sind Geräte in Form eines Stabes, die mittels Schallwellen und Vibrationen Wühlmäuse vertreiben sollen. Ihr Nutzen ist jedoch vielerorts sehr zweifelhaft und wurde in Untersuchungen, unter anderem auch in der Biologischen Bundesanstalt in Münster, genauer unter die Lupe genommen. Dabei konnte keine erwähnenswerte Beeinflussung der Wühlmaus festgestellt werden.

Auch andere Vergrämungsmethoden, die dem Bereich der Hausmittel zuzuordnen sind, zeigen ähnlich schlechte Ergebnisse. Sicherlich wird mancher mit dem Einbringen von Haaren (Menschen- oder Raubtierhaaren), Mottenkugeln, getränkten Lappen (Benzin, Öl oder Ähnlichem), Fisch, Molke oder Buttermilch sowie verschiedenen Gewürzen oder Pflanzenteilen den einen oder anderen Erfolg erzielt haben, aber von einem dauerhaften Schutz kann hierbei nicht ausgegangen werden.

Vorbeugende Maßnahmen

Bei Versuchen, dauerhaften Schutz vor Wühlmäusen zu erhalten, haben sich **Migrationsbarrieren** (Zäune) bewährt. Ein Maschendraht-Knotengeflecht mit einer Maschenweite von 10 Millimeter sollte überirdisch 30 bis 50 Zentimeter hoch und nach außen rechtwinklig umgebogen sein (in etwa 10 bis 20 Zentimeter). Um ein Untergraben zu verhindern, ist es notwendig, den Maschendraht 50 Zentimeter tief in den Boden einzugraben. Ein so installierter Zaun hält eine Wühlmaus auf Dauer fern, zumal Wühlmäuse in der Regel oberirdisch in neue Bereiche zuwandern.

Bei Neuanpflanzungen in wühlmausgefährdeten Gegenden kann das Verwenden von **Drahtkörben**, die den Wurzelballen umschließen, die Pflanzen vor dem Benagen durch Wühlmäuse schützen. Drahtkörbe sind im Fachhandel erhältlich oder können aus Maschendraht relativ einfach selbst hergestellt werden. Hierzu werden ein etwa 50 Zentimeter langes sowie ein 150 Zentimeter langes Stück Maschendraht benötigt. Während das 50 Zentimeter lange Stück den Korbboden darstellt, wird das 150 Zentimeter lange Stück mit dem Boden verbunden, sodass ein korbähnliches Gebilde entsteht. Achten Sie darauf, dass die Maschenweite 16 Millimeter nicht überschreitet.

Der Bisam

Einige Häuserbesitzer haben das Glück, ein schönes Anwesen direkt am Ufer eines Sees oder eines Flusses ihr eigen nennen zu können. So schön es sein kann, die Ruhe eines Gewässers auf sich wirken zu lassen, können Gewässeranwohner aber auch oft ein Lied davon singen, welche zusätzlichen Unannehmlichkeiten solch ein Grundstück mit sich bringen kann, die man mit einem Eigenheim ohne Zugang zum Wasser nicht hätte. Gemeint sind dabei nicht die Hochwasserstände, die immer mehr zuzunehmen scheinen und zu Überschwemmungen im eigenen Garten führen. Gemeint sind tierische Besucher, denn solche Grundstücke haben unter anderem ein höheres Risiko, von Schädlingen heimgesucht zu werden. So benutzen Wanderratten gern die Uferbereiche von Gewässern als Wanderwege, um neue Reviere aufzusuchen. Und so ist es gar nicht so selten, dass sie das zusätzliche Nahrungsangebot aus dem Garten zu schätzen wissen und sich dann auch in der Nähe ansiedeln.

Eine Besiedlung solcher Grundstücke droht aber nicht alleine von der Landseite aus, denn entlang von Flussläufen und Uferbereichen sucht auch der Bisam schwimmend im Frühjahr und im Herbst nach einem neuen Revier. Findet er gute Bedingungen im Uferbereich, nimmt er das neue Revier gern an. Höchstwahrscheinlich ist nicht mit guter Nachbarschaft zu rechnen, liegt der vom Bisam beanspruchte Bereich innerhalb eines Grundstücks. Und

Info

Wie kam der Bisam zu uns?

Den Bisam können wir erst seit rund 100 Jahren in unseren Breitengraden begegnen. Vorher war er bei uns nicht beheimatet. Mit dem Ziel, die heimische Fauna mit einem wertvollen Pelztier zu bereichern, brachte der Fürst Colloredo-Mansfeld im Jahre 1905 fünf Bisame von seiner Jagdreise aus Alaska mit. Diese Tiere, drei Weibchen und zwei Männchen, ließ er auf seinem Gut in Böhmen, dem heutigen Tschechien, in der Nähe von Prag aussetzen. Von dort breitete sich der Bisam sehr schnell aus, und wurde zehn Jahre später in Regen in Bayern und 1936 in Magdeburg gesichtet. Dieser Immigrant hatte es geschafft, bei uns eine freie ökologische Nische zu besetzen.

Heute ist er neben seinem Heimatland Nordamerika nahezu flächendeckend in Europa und Asien verbreitet sowie auch in Argentinien und Chile anzutreffen.

so mancher betroffene Eigentümer hat sich den Bisam wieder dahin zurück gewünscht, wo er hergekommen ist, in die Feuchtgebiete Nordamerikas.

Der Bisam biologisch betrachtet

Gelingt es Ihnen, einen Bisam schwimmend zu beobachten, bekommen Sie nur einen etwa 35 Zentimeter langen Körper mit einem etwa 22 Zentimeter langen, nackten, seitlich abgeflachten Schwanz zu sehen, der beim Schwimmen abwechselnd von links nach rechts geführt wird. Dieser unterstützt das Schwimmen und wird gleichzeitig zur Steuerung benutzt. Der **Schwimmstil** des Bisams wirkt ruhig und elegant.

Das wertvolle, dichte **Fell** mit seiner wasserabweisenden Unterwolle, das beim Schwimmen nur wenig aus dem Wasser ragt, kann in der Färbung sehr unterschiedlich sein und ist von Schwarzbraun über Dunkelbraun bis hin zu Cremefarben gefärbt mit einer hellbraunen bis hellgrauen Unterseite.

Der ausgewachsene Bisam kann mit seinem gedrungenen, rattenartigen Körper, der einen kurzen, aber dicken Kopf besitzt, der ohne einen sichtbaren Hals in den übrigen Körper übergeht, zwischen 800 und 1600 Gramm Körpergewicht erreichen. Aber trotz seines eher kräftigen Körperbaus ist der Bisam perfekt an seinen Lebensraum angepasst. So besitzt er wasserverschließbare, tief im Fell eingebettete **Ohren** und ist in der Lage, bis zu zehn Minuten zu tauchen. Aber trotz eines Lebens im und am Wasser besitzt der Bisam keine

Biologie

Bisam
Ordnung: Nagetiere (Rodentia)
Überfamilie: Mäuseartige (Muroidea)
Unterfamilie: Wühlmäuse (Arvicolinae)
Art: Bisam *Ondatra zibethicus*

Ein Bisam sucht sowohl im Wasser als auch außerhalb nach Nahrung, so auch in Gärten.

Schwimmhäute zwischen den Zehen, wie sie zum Beispiel Biber und Nutrias aufweisen. Dafür wachsen ihm kräftige **Schwimmborsten** an den Zehenrändern, die den Wasserwiderstand beim Schwimmen erhöhen und paddelähnlich vom Bisam eingesetzt werden. Weiterhin verhindern sie ein Einsinken des Bisams in den meist morastigen Uferbereichen.

Auch wenn der Bisam bei flüchtigen Beobachtungen schnell einmal mit einem Biber, Otter, Nutria oder sogar mit einer Wanderratte verwechselt werden kann, liegt seine zoologische Einordnung an einer anderen Stelle. Er gehört zur Unterfamilie der Wühlmäuse und besitzt ein typisches Nagergebiss mit zwei paarweise angeordneten Schneidezähnen in Ober- und Unterkiefer. Nach den Schneidezähnen folgt im Nagergebiss eine Zahnlücke (Diastena), an die sich die Vorbacken- und die Backenzähne anschließen.

Verhalten

Der scheue Bisam ist dämmerungs- und nachtaktiv, aber mit ein bisschen Glück bekommt man ihn auch am Tag zu Gesicht. In Gebieten, in denen er relativ ungestört ist, geht er nämlich auch am Tage seinen Geschäften nach und schwimmt gemütlich durch sein Revier.

Der Bisam lebt stark **ans Wasser gebunden** und verbringt auch die meiste Zeit im nassen Element. In der Wanderzeit, im Frühjahr und im Herbst, verbreiten sich die Tiere entlang des natürlichen Gewässerlaufs unabhängig von dessen Fließrichtung. Besiedelt werden sowohl fließende als auch stehende Gewässer, wenn sie günstige Voraussetzungen bieten. Diese sind in den Augen eines Bisams immer dann gegeben, wenn er ausreichend Nahrung findet sowie eine Uferböschung, die ihm das **Anlegen eines Baus** ermöglicht. Der Eingang des Baus, den der Bisam mit den Vorderpfoten und den Schneidezähnen gräbt, befindet sich stets unter der Wasseroberfläche. Vom Eingang führt ein röhrenförmiger Gang schräg nach oben in die Uferböschung hinein in das eigentliche Nest, dem Kessel. Der Kessel, der etwa 40 Zentimeter im Durchmesser beträgt, wird von dem Bisam flach mit Pflanzenteilen ausgepolstert. Die Baue werden vom Bisam immer so angelegt, dass auch bei wechselndem Wasserstand der Kessel immer über und der Eingang immer unter dem Wasserspiegel liegt. Man geht davon aus, dass ein Bisam auf diese Weise etwa 1 Kubikmeter Erde pro Jahr bewegt. Bisame bilden feste Partnerschaften und ihre Baue beherbergen in der Regel einen ganzen Familienverband.

In Gegenden, die dem Bisam keine geeigneten Uferböschungen für die Anlage eines Baus bieten, ist er auch in der Lage, sich eine **Burg** aus Pflanzenteilen direkt ins Wasser zu bauen. Die Pflanzenteile, meist Röhricht, Binsen oder Schilf, werden solange auf dem Grund aufgeschichtet, bis der Kessel, der sich im Inneren der Burg befindet, gerade über der Wasseroberfläche liegt. Die eigentliche Burg kann dabei über 1 Meter aus dem Wasser herausragen und in ihrer Grundfläche einen Durchmesser von bis zu 2 Meter einnehmen. Die Form der Burg würde man am besten mit stumpf-kegelig beschreiben; man kann sie aber bei uns eher selten entdecken. Auch bei der Bisamburg befindet sich der Eingang unter der Wasseroberfläche, wobei eine Burg meist zwei oder sogar noch mehr Ein- und Ausgänge aufweist. Die für den Bau verwendeten Pflanzenteile isolieren den Kessel gegen die Winterkälte und können in der kargen Jahreszeit auch dem Bisam als Nahrung dienen.

Fortpflanzung

Zum Zwecke der Fortpflanzung gehen die männlichen Bisame ab März auf Wanderschaft und legen an markanten Stellen Kotplätze zur Markierung ihres Reviers an, die sie zusätzlich mit einem weißen, öligen Sekret aus ihrer Geschlechtanhangsdrüse markieren, das stark nach Moschus riecht. Im Winter ist diese nun deutlich vergrößerte Drüse stark zurückgebildet. In der Fortpflanzungszeit wird das von männlichen Bisamen beanspruchte **Revier** energisch gegen Artgenossen verteidigt. Die Größe des Reviers ist abhängig von dem Nahrungsangebot, das der Bisam in dem Gebiet vorfindet. In der Regel umfassen die Reviere eine Größe von 3000 bis 5000 Quadratmeter. Kommt es jetzt zu Revierstreitigkeiten, kann man die lauten, weit hörbaren Geräusche der Bisame vernehmen, die sie mit den aufeinander schlagenden Schneidezähnen erzeu-

gen. Ansonsten verhalten sich die Tiere eher geräuscharm.
Die Zeit der Fortpflanzung dauert von März bis September. In diesem Zeitraum können die Weibchen nach 30 Tagen Tragzeit einen Wurf von fünf bis sechs Jungtieren in ihrem Wohnkessel zur Welt bringen. Die Jungtiere liegen zuerst noch nackt und blind eng aneinander gekuschelt im elterlichen Wohnkessel. Erst nach zehn bis 14 Tagen entwickeln sie ein seidiges Nestlingsfell. Dann öffnen sich auch ihre Augen. Das einstmalige Geburtsgewicht von 20 Gramm haben sie durch die gute Fürsorge der Eltern nach etwa vier Monaten verdreißigfacht und wiegen nun etwa 600 Gramm. Dann ist auch der Haarwechsel vom Nestlingsfell zum Alterskleid abgeschlossen, der in der fünften Lebenswoche beginnt.
Bisame bekommen in den Sommermonaten zweimal, unter guten Bedingungen auch dreimal Nachwuchs. Die heranwachsenden Tiere erlangen nach etwa fünf Monaten ebenfalls die Geschlechtsreife und pflanzen sich fort.

Ernährung

Auf seinem Hauptspeiseplan stehen neben **Wasserpflanzen** wie See- und Teichrosenarten auch **Uferpflanzen** wie Schilf, Rohrkolben, Binsen und Kalmus. Auch wegen seiner bevorzugten Nahrung wird dem Bisam permanent nachgestellt. Von den Uferpflanzen frisst er in der Regel nur den unteren, weichen Teil und lässt das harte obere Stück einfach liegen. Und so ist ein Bisam durchaus in der Lage, ganze Uferpartien kahl zu fressen und damit einheimischen Wasservogelarten den Lebens- und Brutraum zu nehmen.
Aber nicht nur in den Schilfstreifen des Uferbereichs kann der Bisam erheblichen Schaden anrichten. Einige Tiere spezialisieren sich auf Süßwassermuscheln, wie zum Beispiel die Flussperlmuschel (*Margaritifera margaritifera*), deren Bestand schon sehr bedroht ist, während andere Bisame nur in der kargen Jahreszeit auf diese Muschel sowie Wasserinsektenlarven, Krebse und Wasserschnecken zurückgreifen. Die meisten Bisame graben dann jedoch nach Knollen, Wurzeln und ernähren sich zudem von Baumrinde, Obst, Getreide oder Gräser.

Schäden und Gefahren

Neben dem Kahlfressen von Uferbereichen und dem damit verbundenen Verdrängen von heimischen Wasservögeln über die Dezimierung von Süßwassermuscheln bis hin zur Bestandsgefährdung stellt der Bisam auch eine nicht unerhebliche Gefahr durch die Übertragung von Krankheiten dar.
Bei einem meiner Kunden hatte der Bisam den Schwimmsteg als „markanten Punkt“ angesehen und auf ihm einen Kotplatz zur Revierkennzeichnung angelegt. An einer solchen Stelle besteht ein erhöhtes Infektionsrisiko, da der Steg auch zum Baden betreten wird. Es ist verständlich, wenn Gewässeranwohner keinen Bisam in ihrem Grundstücksbereich dulden, um sich nicht der Gefahr auszusetzen, von einer nicht ungefährlichen Krankheit infizieren zu werden. Während die **Weilsche Krankheit** bei Betroffenen meist nicht sehr bekannt ist, können Bisam ebenfalls den bekannten **Fuchsbandwurm** (*Echinococcus multiloculari*) übertragen (siehe auch „Gefahren durch Füchse“). Ebenfalls recht unbekannt und daher oft mit großen Augen quittiert wird mein Verweis auf eine mögliche Infektion mit dem **Katzenbandwurm** (*Hydatigera taeniaeformis*), wenn ich zu einem „Bisamproblem“ hinzugezogen werde. Dieser findet ebenfalls mit dem Bisam einen Zwischenwirt, in dessen Leber er als Schmarotzer lebt. Wie auch der Fuchsbandwurm an

Wichtig

Bisam als Krankheitsüberträger

Der Bisam kann Überträger der Weilschen Krankheit Leptospirose sein. Der Erreger (das Bakterium *Leptospira interrogans*), mit dem sich auch der Mensch infizieren kann, wird vom Bisam mit dem Urin ins Wasser oder im Uferbereich ausgeschieden. Eine Übertragung des Erregers wäre beim Baden, beim Wassersport in einem See oder auch beim Spielen von Kindern im Uferbereich denkbar. Bei einer Infektion reagiert der menschliche Körper mit Fieber und Wadenschmerzen sowie mit Gelbsucht sowie Leber- und Milzschwellung.

den Fuchs so kann der Katzenbandwurm auf dem gleichen Weg an die geliebten Haustiere weitergegeben werden.

Dass der Bisam durch seine **Grabtätigkeit** Uferbereiche instabil machen kann, darauf kam eine meiner Kundinnen von selbst. Sie war neben ihrem Bootssteg mit einem Fuß in einen Wohnkessel eingebrochen. Da die meisten Uferbereiche an Seegrundstücken aber eher flach zum Wasser zulaufen, hat der Bisam dort keine Möglichkeit, seinen Bau anzulegen. In Gärten liegen die Schäden durch Bisam vielmehr in der Plünderung der Beete, dem Anknabbern von Obst, dem Fraß an Schilfbereichen sowie der möglichen Übertragen von Fischkrankheiten in Zier- oder Zuchtteichen.

Wesentlich gravierender ist die Anwesenheit des Bisams an Kläranlagen, Dämmen und Deichanlagen. Hier können die anschließend erforderlichen Reparaturen und Instandsetzungsarbeiten rasch gewaltig in die Höhe schnellen. Ein besonderes Ärgernis für Landwirte ist es, wenn Weidevieh auf ihren mit Flüssen oder Bächen durchzogenen Weiden in die Kessel der Bisame einbrechen und sich dabei stark verletzen. Der so erlittene wirtschaftliche Schaden lässt bei einem Landwirt meist schnell den Gedanken keimen, sich dem Bisam zu entledigen und ihm gezielt nachzustellen, insbesondere wenn durch die Grabtätigkeit auch die Uferbereiche der Weide absacken und weggespült werden.

Feinde

Der Bisam wird selten über drei Jahre alt. Die am häufigsten anzutreffenden Tiere sind im zweiten Lebensjahr. Man kann davon ausgehen, dass etwa 85 % der Tiere dieser Altersgruppe angehören. Neben den Fraßfeinden, die dem Bisam jederzeit nachstellen, verenden ältere Tiere oft an mangelnder Ernährung. Der Grund hierfür liegt nicht an fehlendem oder mangelhaftem Nahrungsangebot, sondern schlichtweg an der starken Abnutzung der Mahlzähne (Molaren). Diese können bei älteren Tieren oft bis zum Wurzelhals abgewetzt sind.

Zu den Feinden des Bisams gehören der Fischotter, der dem Bisam auch in seinem vertrauten Element nachstellt, sowie der Uhu, Mink und Rotfuchs im Uferbereich. Gerade in der Wanderzeit ist die Gefahr

Der nach einem stark abgesunkenen Wasserstand sichtbar gewordene Eingang zu einem Bisambau.

für den Bisam besonders hoch, einem dieser Jäger zum Opfer zu fallen, da er sich dann nicht in seinem bekannten Revier befindet und auch nicht in eine Wohnburg entkommen kann.

Bisamfang

Zu dem Zeitpunkt, als der Bisam zum ersten Mal zu einem Problem wurde, existierten noch keine Fallen für das Tier, um seine Population einzugrenzen. Betroffene griffen damals auf Tellereisen zurück, deren Anwendung heute streng verboten ist. In der Folgezeit wurde fieberhaft an Fallen getüftelt, um das immer größer werdende, zuvor unbekannte Problem in den Griff zu bekommen. Ein optimales Fangergebnis war das Ziel. Auch wurden Versuche gestartet, dem Bisam mit Gift und Gas zu Leibe zu rücken, worauf die Bisamjäger aber schnell feststellen mussten, dass die Grabtätigkeiten dadurch eher zunahmen als zurückgingen. Der Grund hierfür liegt darin, dass ein Bisam einen Bau nicht mehr benutzt, in dem ein Artgenosse verendet war, und sich dar-

Gesetzliches

Gesetzliche Grundlage für den Bisamfang

Seit dem 1. Januar 2000 besitzt der Bisamfang eine neue Gesetzesgrundlage. War der Bisamfang zuvor im Pflanzenschutzgesetz (Gesetz zum Schutz der Kulturpflanzen) geregelt, finden wir heute in der Bundesartenschutzverordnung (BartSchV) § 12 Abs. 2 die rechtliche Grundlage. Nach der BartSchV ist es genehmigungsfrei gestattet, Bisame mit Fallen zu bekämpfen.
In BartSchV (BGBL 99, 2843) § 12 Abs. 2 heißt es: „Abweichend von § 12 Abs. 1 Satz 1 Nr. 1 ist es gestattet, Bisam (*Ondatra zibethicus*) mit Fallen, ausgenommen Käfigfallen mit Klappschleusen (Reusenfallen), zu bekämpfen, soweit dies zum Schutz gefährdeter Objekte, insbesondere zum Hochwasserabfluss oder zum Schutz gegen Hochwasser oder zur Abwehr von Land- oder Fischerei- oder sonstiger Schäden erforderlich ist."

Diese Bisamfalle ist mit einem Apfelstück beködert. Wichtig: das Drahtseil zum Sichern der Falle.

aufhin einen neuen gräbt. Beim Fallenfang jedoch konnte beobachtet werden, dass trotz eines vor einem Bau gefangenen Artgenossens deren Familienmitglieder keinen Argwohn vor der Falle hatten und sich weiterhin gut fangen ließen. Somit konnte sich die Bisamfalle durchsetzen, die es heute in vielen verschiedenen Variationen zu erwerben gibt. Sie stellt somit auch die einzige Alternative bei der Bisambekämpfung dar.
In den vergangenen Jahren mussten die Bisamjäger auch feststellen, dass es so gut wie unmöglich ist, den Bisam wieder auszurotten. Je mehr Tiere gefangen wurden, umso größer war die Anzahl der Nachkommen der verbliebenen Bisams. Daher besteht seitdem das Ziel, bei einer flächendeckenden Fangaktion im Herbst / Winter die Population um bis zu 80 % zu reduzieren. Zwar gelingt es dem Bisam, sich im Frühjahr / Sommer wieder zu vermehren. Aber der Vorteil bei dieser Methode ist darin zu sehen, dass die alten Reviere und Baue wieder benutzt werden und so weitere zerstörerische Grabtätigkeiten unterbleiben.
Heutzutage wird der Bisamfang weitestgehend als Objektschutz betrieben. Er wird nur dort bekämpft, wo er absolut unerwünscht ist, wie es zum Beispiel an Klärwerken, Deichen, Fischzuchtteichen oder an Golfplätzen der Fall ist.

Eine Falle aufstellen

Der Bisamfang lässt sich leicht erlernen – besser gesagt, aus den Fehlern, die jeder am Anfang begeht, lernt man recht schnell. So war es auch bei mir der Fall ...
Doch zunächst stellt sich die Frage nach der richtigen Bisamfalle. Hier hat man die Wahl zwischen Modellen, die die Tiere mithilfe eines Köders anlocken, und solchen, die unbeködert als „Hindernisfalle" direkt vor einem Bisambau aufgestellt werden

können. In den meisten Fällen werden sich im Bisamfang Ungeübte auf die **Köderfalle** beschränken, weil die Suche nach dem Eingang eines Bisambaus recht anstrengend und zeitaufwändig sein kann.

Bei Kauf und Verwendung von Köderfallen sollte auf eine sogenannte „Picksicherung" geachtet werden. Sie schützt vom Köder angelockte Wasservögel davor, in die Falle zu geraten.

Köderfallen können Sie recht einfach in das Aktivitätsgebiet des Bisams stellen. Am besten eignen sich dazu Plätze im Uferbereich, die von dem Bisam regelmäßig aufgesucht werden, oder Stellen, an denen Sie den Bisam schon mehrmals beobachten konnten. Solche Stellen weisen oftmals Kotspuren auf. Die auf engstem Raum liegenden, bis zu 10 Millimeter großen, länglichen bis ovalen, bis zu 4 Millimeter dicken, grünlichen bis bräunlichen Kotpillen sind an trockenen Tagen sehr deutlich zu erkennen. Ebenfalls finden sich an den „Stammplätzen" des Bisams Fraßspuren oder zerfaserte Pflanzenteile.

Als Köder eignen sich alle Obst- und Gemüsearten. Besonders ein süßer, stark duftender Apfel ist als Köder sehr zu empfehlen. Aber auch Zuckerrüben, Kartoffeln, Sellerie und Mohrrüben eignen sich dazu, einen Bisam anzulocken.

So weit, so gut. Sind Sie im Besitz einer Falle, die mit einem Köder bestückt wurde und haben sich eine günstige Stelle zu deren Aufbau ausgesucht, beginnt für viele die Lernphase. Auch ich musste erst lernen. Beim Aufstellen meiner ersten Bisamfalle war ich nicht unvorbereitet ans Werk gegangen, aber um die eine oder andere Erfahrung bin ich nun gewiss reicher. Damals hatte ich mich von Land her durch Büsche und Uferpflanzen an die Erfolg versprechende Stelle herankämpfen müssen, um die Falle an den von mir ausgesuchten Ort aufzustellen. Mit einer entsprechende Watthose oder einem Boot wäre es auf jeden Fall einfacher gewesen. Ich hatte auch mitgedacht und die Falle mit einer Kette an einen kleinen Busch gesichert, damit sie mir nicht abhanden kommt.

So wartete ich auf meinen ersten Erfolg in Sachen Bisamfang. Aber die Enttäuschung war groß, als ich mich abermals durch die Pflanzenwelt gekämpft hatte und versuchte, die mit der Kette gesicherte Falle aus dem Wasser zu ziehen. Natürlich hatte sie sich auch noch unter Wasser verhakt und so wurde das Ganze ein ziemlicher Balanceakt, um nicht baden zu gehen. Die von mir so nach einiger Zeit herausgefischte Falle wies keinen Bisam, sondern lediglich Fraßspuren am Köder auf. Sie musste wohl erst im Wasser zugeschnappt sein. Was war da wohl passiert? Heute weiß ich es: Ist der Köder zu groß, nagt ein Bisam nur so an ihm, dass die Falle nicht ausgelöst wird. Kleinere Köder in der Größe einer Walnuss versucht der Bisam mitzunehmen und löst damit sein Verderben aus. Beachten Sie auch, dass eine an der Uferböschung gestellte Falle mit Stöcken festgesteckt wird, damit sie eben nicht ins Wasser rutschen und sich dort verfangen kann.

Werden **Hindernisfallen** vor die Eingänge eines Bisambaus gestellt, lässt der Erfolg meist nicht lange auf sich warten. Aber auch diese Fallen müssen mit Stöcken und Ketten gesichert werden, damit sie unter Wasser nicht verrutschen und Sie diese später nicht suchen müssen. Beim Einsatz mit Hindernisfallen kann der Fangerfolg beschleunigt werden, wenn Sie im Uferbereich mit einem „Stöberstab" den Bau des Bisams suchen und den Stab in den Bau hineinstoßen. Bewegen Sie diesen dann im Bau hin und her, verlässt der so aufgescheuchte Bisam seine Behausung fluchtartig und schwimmt direkt in eine der aufgestellten Fallen. Anschließend können die Fallen wieder gestellt werden, um eventuell entkommene Bisame zu erwischen.

Feldmaus und Co.

Eine Feldmaus im Garten? Feldmäuse sind doch eigentlich, wie ihr Name verrät, auf Feldern und Wiesen zu Hause, werden Sie sich jetzt wahrscheinlich denken, falls Sie nicht schon beim Überfliegen des Inhaltsverzeichnisses gestutzt haben. Sicherlich haben Sie schon davon gehört, dass Feldmäuse bei Massenvermehrungen auf landwirtschaftlichen Flächen erhebliche Schäden anrichten können – aber im eigenen Garten finden Feldmäuse doch keine Getreideähren oder was sie sonst noch so fressen? So lautet meist die einhellige Meinung zum Thema Feldmaus.

Siedeln sich Feldmäuse in einem Garten an, ist der Ärger bei den betroffenen Besitzern meist riesengroß. Zuerst wird den kleinen, selten versteckten Erdlöchern, die meist nur einen Durchmesser von einigen Zentimetern haben, kaum Beachtung geschenkt. Erst wenn die ersten Pflanzen eingebüßt werden und der Rasen immer mehr Löcher und ausgetretene Laufwege aufweist, wird der Feldmausbefall ernst genommen.

Biologie

Feldmaus
Ordnung: Nagetier (Rodentia)
Familie: Wühlmäuse (Microtidae)
Art: Feldmaus ***Microtus arvalis***
Diese Art wird auch Kleine Wühlmaus genannt.

Die Feldmaus biologisch betrachtet

Wie ihr großer Bruder, die Große Wühlmaus oder nur Wühlmaus, gehört auch die Feldmaus zu den Wühlmäusen. Im Gegensatz zu ihrer großen Verwandten ist sie jedoch häufiger auf ihren Wegen an der Erdoberfläche anzutreffen, was eine Zufallsbeobachtung bei der Gartenarbeit wahrscheinlicher macht. Gelingt es Ihnen, eine Feldmaus auf ihrem Wechsel (das sind immer wieder benutzte Laufwege) zu beobachten, fällt Ihnen wahrscheinlich erst einmal der recht gedrungene Körperbau auf. Feldmäuse sind zwischen 10 bis 12 Zentimeter lang. Ebenfalls sind der recht kurze Schwanz, der maximal eine Länge von 3 bis 4 Zentimeter erreicht, sowie die wenig aus dem Fell herausstehenden Ohren Merkmale, die so gar nicht in das Erscheinungsbild einer „Maus“ passen wollen. Weiterhin stehen ihre Knopfaugen nicht so weit aus dem gelbgrauen Fell heraus, wie es zum Beispiel bei der Hausmaus der Fall ist. Insgesamt weist ihr Körperbau deutliche Anzeigen für ein Leben unter der Erde auf, an das die Feldmaus vorzüglich angepasst ist.

Lebensraum

Feldmäuse sind **fast überall** anzutreffen. An die Gebiete, in denen sie sich niederlassen, stellen sie kaum Ansprüche bezüglich der Bodenzusammensetzung. Nur die Vegetation an der Oberfläche muss den Bedürfnissen der Feldmäuse entsprechen. So kann es durchaus passieren, dass sie auch auf trockenem Dünensand, morastigem Gelände und Lehmböden anzutreffen sind.
Feldmäuse besiedeln mit Vorliebe lichtoffene Gras- und Kulturlandschaften mit mäßigem Bewuchs. Sie meiden hingegen Areale mit starkem Pflanzenwuchs und schattigen Bereichen, was wohl auch der Grund dafür ist, dass sie selten in Waldgebieten anzutreffen sind.

Feldmauskolonien

Eine Kolonie von Feldmäusen, die durchaus bis zu 20 Tiere umfassen kann, besteht in der Regel aus drei bis vier weiblichen Tieren, die teilweise aus verschiedenen Generationen stammen können, und deren Jungtieren, die in einem sozial ausgeprägten Gefüge zusammenleben. In manchen Kolonien ist auch ein ausgewachsenes Männchen (adulter Bock) anzutreffen. Adulte Feldmausböcke leben nicht so eng an die Kolonie gebunden wie die weiblichen Tiere und streifen insbesondere während der Paarungszeit auch außerhalb der eigenen Kolonie weit umher.
Zu dem Bereich, der durch eine Feldmauskolonie besiedelt wird, zählen neben den oberirdischen **Wechseln**, die in ihrem Aussehen an einen stark belaufenen Trampelpfad erinnern, auch die unterirdische **Nestkammer** und einige **Vorratskammern**, die durch ein **Gangsystem** miteinander verbunden sind. Am Anfang der oberirdischen Wechsel, auf denen sich die Feldmaus wegen dem Auftreten von Fraßfeinden größtenteils sehr schnell fortbewegt, befinden sich die Eingänge zu der unterirdischen Nistanlage.
Generell ist die Feldmaus in einem zweistündlichen Aktivitätsrhythmus **rund um die Uhr** beschäftigt. Die Eingänge, die oft nur einige Zentimeter groß sind, werden von der Feldmaus meist gut versteckt unter dem überhängenden Gras an einer Grassode angelegt. Von dort aus führen die dicht an der Erdoberfläche verlaufenden, durchschnittlich nur 3,5 Zentimeter im Durchmesser messenden Gänge in die meist ein oder mehrere Meter entfernte Nest-

Feldmäuse finden auch in Gärten ideale Lebensbedingungen.

kammer. So erreichen die Feldmäuse, dass zum Beispiel ein jagender Fuchs, einer der Hauptfeinde, beim Graben an den Eingängen schnell das Interesse verliert und nicht bis zur Nestkammer vordringt. Denn auch die Nestkammer, die im Aussehen einer abgeflachten, 10 bis 20 Zentimeter großen Kugel ähnelt, befindet sich mit ungefähr 30 Zentimeter nicht besonders tief im Erdreich verborgen. Sie wird zum Schutze des Wurfes von den weiblichen Tieren mit trockenem, zerfasertem Gras dicht ausgefüllt.

Bei einer noch „jungen" Nestanlage verfügt die Nestkammer in der Regel über zwei gegenüberliegende Ein- beziehungsweise Ausgänge. Bei älteren Nestanlagen können dann noch einige hinzukommen, sodass ihre Gesamtzahl auf bis zu sechs Eingänge ansteigen kann. Weiterhin besitzt die Nestanlage mehrere Vorratskammern, die von den Feldmäusen in ihrem zum Teil wirr verlaufenden Gangsystem mit abrupt endenden sowie über- und untereinander angeordneten Gängen in einem Seitengang angelegt werden.

Oben: Im hohen Gras sind die kleinen Eingänge zu den Feldmausbauen nicht leicht zu entdecken.
Unten: Im kurzen Rasen werden die oft weit verzweigten Wechsel deutlich sichtbar.

Info

Feldmausplage
Am 15. Dezember 1571 erließ der Bayernherzog Albrecht V. (1550 bis 1579) die erste bayrische Verordnung, wegen der Feldmausplagen die Jagd auf Füchse einzustellen.
Solche Verordnungen folgten auch in den Jahren 1623 und 1635. 1648 wurde die Jagd auf Füchse sogar für drei Jahre eingestellt, damit diese die Feldmausplage eindämmen konnten.

Fortpflanzung und Massenvermehrung

Schon am 13. Lebenstag sind weibliche Feldmäuse geschlechtsreif, und nach einer kurzen Tragzeit von 19 bis 21 Tagen bekommen sie bereits eigenen Nachwuchs. Junge Feldmäuse kommen nackt, mit rosa gefärbter Haut und einem Gewicht von 1 bis 3 Gramm zur Welt. Durchschnittlich sind es drei bis sieben Geschwister, selten bis zu zwölf.
Noch bevor sie am 8. bis 10. Tag die Augen öffnen, hat schon am 3. Lebenstag der Haarwuchs eingesetzt, sodass bereits am 5. Tag ein dünnes, sandfarbenes Fell zu erkennen ist. Die jungen Feldmäuse werden insgesamt knapp zwei Wochen lang gesäugt, dann haben sie die Selbstständigkeit erreicht. Im Laufe des Jahres, in den meisten Fällen zwischen März und Oktober, wird die Feldmaus noch bis zu 15-mal Nachwuchs bekommen, in Ausnahmefällen können es sogar bis zu 22 Würfe im Jahr sein.
Die Feldmaus ist ein Paradebeispiel einer hohen Vermehrungsfähigkeit. Sie ist in der Lage, sich das ganze Jahr hindurch fortzupflanzen, sofern der Winter nicht zu streng ausfällt. Und so kommt es regelmäßig zu dem Phänomen einer **Massenvermehrung**, wie sie meist alle drei Jahre zu beobachten ist und schon in der Bibel beschrieben wird.
Auch wenn die Feldmaus und deren Verhalten schon hinreichend untersucht wurden, konnte noch kein sicherer Grund für die Entstehung einer Massenvermehrung gefunden werden. Ebenso wenig ist man in der Lage eine bevorstehende Massenvermehrung vorauszusagen. Jedoch ist eine der Voraussetzungen dafür, dass frühzeitig ein ausreichendes Nahrungsangebot zur Verfügung steht. Das bedeutet etwa, dass in der Regel zuvor ein nicht allzu strenger Winter geherrscht hat. Jedoch kam es auch schon vor, dass sich auch nach einem strengen Winter eine Feldmausplage entwickelt hat. Kurzum, es wurden bis heute diverse Theorien aufgestellt, aber der eigentliche Grund für die Massenvermehrung wurde bislang nicht gefunden.
Aber: Massenpopulationen regulieren sich auch ohne Bekämpfung oder fremdes Zutun mit dem einsetzenden Spätsommer oder Winter von ganz alleine. Eine Massenvermehrung von Feldmäusen bietet auch den Beutegreifern, die sich von Mäusen ernähren, eine solide Grundlage ihre Nachkommen großzuziehen. Und so steigt bei einem vermehrten Mäuseaufkommen auch die Anzahl der Mäusejäger. Weiterhin kommt es bei einer Vielzahl von Individuen auf einem begrenzten Areal irgendwann zur Nahrungsknappheit (meist im Spätsommer), die ebenfalls regulierend auf die Anzahl der Feldmäuse einwirkt. Spätere nasse Wintertage tragen ebenfalls dazu bei, die Feldmauspopulation auf ein natürliches Maß zu bringen, denn diese werden von den Mäusen nicht sehr gut vertragen.

Ernährung

Auch bei der Nahrung ist die Feldmaus nicht besonders spezialisiert. Zwar bevorzugt sie Süß- und Sauergräser (Seggen) sowie Kräuter, die sie in jedem Garten finden kann, sie ernährt sich aber auch von anderen **Pflanzenarten**. Zur Nahrungsaufnahme transportieren sie ihre Futter in den Bau oder an sogenannte „Futtertischchen". Futtertischchen können von der Feldmaus selbst gegrabene kleine Mulden sein oder kleine Plätze mit überhängendem Gras. Beide bieten der Feldmaus eine gewisse Deckung beim Fressen. Weiterhin sind oftmals kurze Gänge dicht an der Erdoberfläche zu erkennen, die den eigentlichen Gängen vorgelagert sind und nur einige Zentimeter Länge aufweisen. Auch sie dienen den Mäusen zur geschützten Nahrungsaufnahme. Feldmäuse suchen ihre Nahrung in einem 10 bis 30 Zentimeter breiten Streifen auf beiden Seiten ihrer Wechsel.

Auf landwirtschaftlichen Flächen kann es durch die Feldmaus zu enormen **Schäden** kommen, denn sie verschmähen die heimischen Getreidearten nicht. Bei Kartoffel, Futter- und Zuckerrüben rühren Feldmäuse zwar die Blätter nicht an, aber sie höhlen die Rüben von unten her förmlich aus und auch die Kartoffeln erleiden die eine oder andere Nagespur. Ein absoluter Favorit der Feldmäuse ist Rotklee und Luzerne.

Insgesamt gesehen sind Feldmäuse ausgesprochen genügsam und fressen bis zu 79 verschiedene Pflanzen, die von sowjetischen Forschern einzeln aufgelistet wurden. In strengen Wintern werden auch Baumrinden von Laubgehölzen abgenagt, was besonders im Obstanbau zu verheerenden Schäden führen kann.

Einen Befall erkennen

Sicherlich kann am Anfang eines Befalls das eine oder andere, kaum 3 bis 4 Zentimeter große rundliche **Feldmausloch** übersehen werden. Ist der Befall jedoch fortgeschritten, können die Spuren, die die neuen Gartenbewohner hinterlassen haben, kaum noch übersehen werden. Neben den Löchern der Feldmäuse, die senkrecht in die Erde führen, sind nach einiger Zeit die Wechsel der Erdbewohner immer deutlicher zu erkennen. Während auf dem Rasen immer mehr kleine Trampelpfade entstehen, gleicht er wegen der steigenden Menge an Löchern zunehmend einem Schweizer Käse.

Fraßspuren, die die Feldmäuse hinterlassen, fallen Ihnen zwar nicht gleich ins Auge, aber an geschützten Stellen, die eventuell durch herunterhängende Gräser nicht so einfach einzusehen sind, kann man durchaus fündig werden. Hier finden sich meist Reste von Gräsern sowie Kot, der an den geschützten Fraßstellen als „Abfallprodukt“ hinterlassen wird.

Leichter zu erkennen sind die ringförmig abgenagten Rinden an Bäumen und Zweigen, die Sie nur in Erdnähe vorfinden. Diese Fraßbilder haben schon viele Bäume eingehen lassen und den Gärtner gegen die kleinen Erdbewohner aufgebracht.

Einen Befall dulden oder nicht?

Sicherlich dulden nur die wenigsten einen Feldmausbefall im eigenen Garten und werden die sich ihnen bietenden Möglichkeiten nutzen, um einen aufkeimenden Befall im Keim zu ersticken. Einige Gartenfreunde sind aufgrund nur leichter Schäden an der Vegetation sehr tolerant gegenüber den kleinen Nagern; wenn es aber an das eigene Portemonnaie geht, ist es mit der Toleranzbereitschaft meistens vorbei. Ein dem Gartenbesitzer bekannter Feldmausbefall sollte daher doch lieber gestern als heute getilgt werden.

In einem mir bekannten Fall hatten die Kinder eines Hauseigentümers und deren Freunde eine Nacht im Zelt im Garten verbracht. Schon in der Dämmerung begannen die Feldmäuse das Zelt der Kinder zu „erobern“ und hatten sich den Weg durch die Rucksäcke und Taschen zu den Nussriegeln freigenagt. Auch das Zelt und die Schlafsäcke der Kinder haben die Nacht im Garten nicht unbeschadet überstanden; sie wiesen an einigen Stellen Nagespuren auf. Der tolerante Gartenfreund hatte sich dann am nächsten Tag, verärgert über den erlittenen materiellen Schaden, bei mir nach einer Möglichkeit erkundigt, wie er die Feldmäuse wieder los werden konnte. Möglichkeiten zu deren Bekämpfung erfahren Sie in den nächsten Abschnitten.

Natürliche Gegenspieler

Während die Landwirtschaft durch das intensive Bewirtschaften (Pflügen etc.) der Nutzflächen einem Feldmausbefall begegnen kann, brechen Gartenbesitzer eher selten die Grasnarbe um. Ebenso wenig werden Ihnen die natürlichen Feinde der Feldmaus wie Rotfuchs, Schleiereule, Waldkauz, Mäusebussard, Hermelin oder auch der Iltis komplett die Arbeit abnehmen. Sicherlich können durch gezielte Maßnahmen die Ansiedlung einzelner **Fraßfeinde** in Ihrer Umgebung zusätzlich unterstützt werden, aber einen Befall vollständig zu tilgen, dazu werden sie kaum in der Lage sein. Wenn Sie also wollen, dass die gesamte Feldmauspopulation von Ihrem Rasen verschwindet, müssen Sie selbst Hand anlegen, aber wie?

Feldmäuse haben viele Fraßfeinde, die einen Feldmausbefall aber selten ganz tilgen.

Feldmäuse bekämpfen

An einigen Stellen ist zu lesen, dass ein kleinerer Feldmausbefall mit herkömmlichem Mäuseschlagfallen bekämpft werden kann. Dieses mag bei einem geringen Befall durchaus möglich sein. Ich jedoch bin kein Freund von auf dem Rasen postierten Schlagfallen, da sie auch andere Tiere, die im Garten zu Hause sind, gefährden können. Desweiteren sollte nicht der Arbeitsaufwand außer Acht gelassen werden, der bei der Verwendung von Schlagfallen entsteht.

Sollen **Schlagfallen** dennoch Verwendung finden, können diese zum Beispiel unter einem Eimer aufgestellt werden. In den Eimer werden zuvor am oberen Rand etwa 6 bis 8 Zentimeter kleine Löcher hineingeschnitten, damit die Feldmäuse durch diese in das Innere des Eimers und an die Fallen gelangen können. Diese Fallen sollten sich auf den Wechseln der Feldmäuse oder direkt an den Mäuselöchern befinden.

Tipp

Giftweizen ausbringen

Um Giftweizen tief in den Mäuselöchern zu postieren, können Sie sich auch mit einen Stück Gartenschlauch, das auf einen Trichter gesteckt wird, behelfen. Die Anschaffungskosten liegen hier bei 2 bis 3 Euro. Wenn Sie den Gartenschlauch in das Mäuseloch stecken und den hocherhobenen Trichter mit einer Menge an Giftweizen gemäß den Herstellerangaben füllen, purzelt dieser durch den Schlauch tief in den Mäusegang hinein.

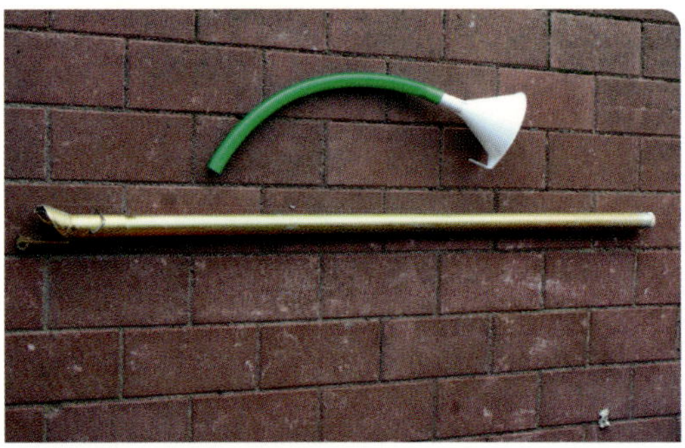

Mit diesen Geräten können Sie Giftweizen gezielt in einen Bau ausbringen.

Chemische Bekämpfungsmittel

Hat sich der Befall durch Feldmäuse bereits so stark ausgedehnt, dass ein Erfolg durch den Einsatz von Schlagfallen sehr zweifelhaft erscheint, sollte ein chemisches Bekämpfungsmittel (Rodentizid) eingesetzt werden. Die durch den Deutschen Pflanzenschutzdienst zugelassenen Köderpräparate mit den Wirkstoffen Zinkphosphid (Akutgift) oder Chlorphacinon (Blutgerinnungshemmer) dürfen unter keinen Umständen offen ausgelegt werden. Zum Schutz der einheimischen Vogelwelt und anderen „Nicht-Zieltieren" müssen Sie die mit dem Gift versetzten Weizenkörner oder auch Pellets verdeckt im Gang auslegen.

Als Auslegehilfe von **Giftweizen** kommen zum Teil Legeflinten zum Einsatz, mit dessen Hilfe eine genau dosierte Menge an Giftweizen durch einen einfachen Mechanismus am Ende der Legeflinte in jedes Mäuseloch abgegeben werden kann. Für den Einsatz im eigenen Garten ist die Legeflinte allerdings kaum geeignet, weil sie wahrscheinlich selten zum Einsatz kommt, und die Anschaffungskosten mit etwa 40 Euro besser in schönen Pflanzen angelegt werden sollten.

Um keine Gänge unnötig zu belegen und auch um den Giftaufwand möglichst gering zu halten, können Sie einen Tag vor der Bekämpfungsmaßnahme alle Mäuselöcher schließen und am folgenden Tag nur diejenigen mit Gift belegen, die wieder geöffnet wurden.

Ist Ihnen das Belegen der einzelnen Mäuselöcher zu arbeitsintensiv, besteht auch die Möglichkeit, **Köderstellen** einzurichten. Hierzu eignen sich die im Fachhandel zu erstehenden Mäuse- oder Rattenköderboxen. Für die Sparfüchse unter Ihnen ist eine Köderstelle mit einem Eimer, Kunststoffrohr oder zum Beispiel einer kleinen Kiste schnell selbst herzustellen.

Rötelmäuse können das gefährliche Hanta-Virus auf den Menschen übertragen.

Weitere Mäusearten im Garten

Neben der Kleinen und Großen Wühlmaus können Sie in Ihrem Garten noch einige andere Mäusearten antreffen, wie zum Beispiel die Erdmaus oder die Rötelmaus, die ebenfalls zu der Familie der Wühlmäuse gehören.

Während die **Erdmaus** noch als ernstzunehmender Schädling an Pflanzen, vorwiegend im bewaldeten Bereich, auftritt, hat die **Rötelmaus** kürzlich auf eine andere Weise auf sich aufmerksam gemacht. Rötelmäuse können als Überträger des Hanta-Virus auftreten, das beim Menschen grippeähnliche Symptome hervorrufen kann. In schweren Fällen kommt es weiterhin zu Rückenschmerzen, Sehstörungen und Nierenversagen. Durch den milden Winter 2006/ 2007 war die Zahl der Rötelmäuse offenbar stark angestiegen, ebenso die registrierten Infektionen in der Bevölkerung. Waren es im Jahr

2006 nur 70 Hanta-Virus-Infektionen bundesweit, wurden 2007 insgesamt 1500 Infektionen gemeldet. Nach Angaben des Robert-Koch-Institutes liegt der Infektionsschwerpunkt des durch die Rötelmaus übertragenen Virus in Süddeutschland. Der von der Maus über Speichel und Kot abgegebene Virus wird in den meisten Fällen über den Staub von Menschen eingeatmet und somit aufgenommen. Daher ist besondere Vorsicht in selten genutzten Abstellkammern oder Gartenhäuschen geboten, die von der Rötelmaus gerade in den Wintermonaten gern besiedelt werden.

Treffen Sie im Gartenhäuschen auf die Spuren der Nager, sollte ein Aufwirbeln des Staubes möglichst vermieden werden. Um das Infektionsrisiko deutlich zu vermindern, können verstaubte Gegenstände feucht abgewischt werden. Dabei empfiehlt es sich, Schutzhandschuhe zu tragen, in Räumen, die schlecht belüftet werden können, zusätzlich eine Schutzmaske. Auch wenn es Ihnen die Arbeit stark erleichtern würde, sollte auf keinen Fall ein Staubsauger zum Einsatz kommen.

Der Steinmarder

Kommt im Freundeskreis das Gespräch auf den Steinmarder (vielerorts auch einfach nur Automarder genannt), kann so ziemlich jeder eine Geschichte zu dem sagenumwobenen Tier zum Besten geben. Aber jemals zu Gesicht bekommen, haben ihn nur die wenigsten. Dabei tritt der Steinmarder schon seit dem Mittelalter als Kulturfolger in unseren Dörfern und Städten auf und hat sich in dieser Zeit sehr gut an das Leben in der unmittelbaren Nähe des Menschen angepasst.

Lebt man mit einem Steinmarder in direkter Nachbarschaft, gibt es auch den einen oder anderen „Brennpunkt" zwischen Mensch und Tier, die bei manchem Garten- und Autobesitzer ein großes Ärgernis darstellen. Zum einen sind es die **Kotplätze**, die von den Tieren auf Terrassen, in Carports oder Geräteschuppen angelegt werden, zum anderen ist es die Angst um den Wagen, auf dessen Motorhaube und Glasscheiben sich immer wieder Pfotenspuren finden lassen und der aus unerklärlichen Gründen eines Morgens nicht mehr anspringt. Schnell ist der Übeltäter ausgemacht, denn im Motorraum sind Spuren zu finden, die den Steinmarder eindeutig als Täter entlarven. Nach meist hohen Werkstattkosten entbrennt bei vielen Autobesitzern daraufhin der Wunsch, den **„Automarder"** ein für alle Mal von dem Motorraum fernzuhalten. Dieser Wunsch kann meist mit relativ wenig Aufwand in die Tat umgesetzt werden, etwa durch einfache, unter den Motorraum geschobene Holzrahmen mit Drahtgeflecht.

Biologie und Verhalten

Das sich die Wege des Steinmarders selten mit denen der Menschen kreuzen, ist mit dessen überaus vorsichtigem Verhalten sowie seinem Lebensrhythmus zu erklären, der sich nur mit dem menschlicher Nachtschwärmer deckt. Steinmarder, die außerhalb der Paarungszeit (Ranz) und der Jungenaufzucht immer als **Einzelgänger** nachts durch ihr Revier streichen, meiden Orte, die ihnen keinen Schutz bieten. Sie bewegen sich lieber an Hecken und Büschen entlang fort, in denen sie bei Gefahr schnell in Deckung gehen können. In Städten, aber auch in ländlichen Bereichen, in denen Straßen einem umherstreifenden Marder wenig Deckung bieten, findet er diesen Schutz in den Motorräumen der am Straßenrand oder in den Carports abgestellten Fahrzeuge.

Mit Einsetzen der Morgendämmerung zieht sich der Steinmarder dann in sein Tagesversteck zurück, das sich in einer Scheune, einem Holzstapel oder auf einem Dachboden befinden kann, und verschläft dort den ganzen Tag.

Nur während der Jungenaufzucht oder in der Paarungszeit, die beim Steinmarder in die Zeit von Juni bis August fällt, können Steinmarder auch einmal am Tag beobachtet werden. Dann sind das grau-

Biologie

Steinmarder
Ordnung: Beutegreifer (Carnivora)
Familie: Marderartige (Mustelidae)
Unterfamilie: Wieselartige (Mustelinae)
Art: Steinmarder *Martes foina*

braune Fell, durch das die weiße Unterwolle durchschimmert, und der bis zur Innenseite der Vorderbeine reichende, stark ausgeprägte, weiße Kehlfleck sehr gut zu erkennen. Mit seinem buschigen Schwanz kommt der Marder auf eine stattliche Länge von etwa 90 Zentimeter, wobei der Körper 43 bis 46 Zentimeter misst. Sein schlanker Körper ist sehr beweglich und bei einem flüchtenden Tier sind die unverkennbaren Wellenbewegungen des Körpers, der sogenannte „Mardersprung“, deutlich zu beobachten. Steinmarder besitzen eher kurze Beine mit Pfoten, an denen die Krallen nicht eingezogen werden können, wie es zum Beispiel eine Katze vermag. So lassen sich Pfotenabdrücke von einer Katze und einem Marder relativ leicht unterscheiden. Läuft eine Katze in der Regel mit eingezogenen Krallen und hinterlässt dabei einen rundlichen Pfotenabdruck, so ist der des Marders leicht oval geformt mit deutlichen Krallenabdrücken.

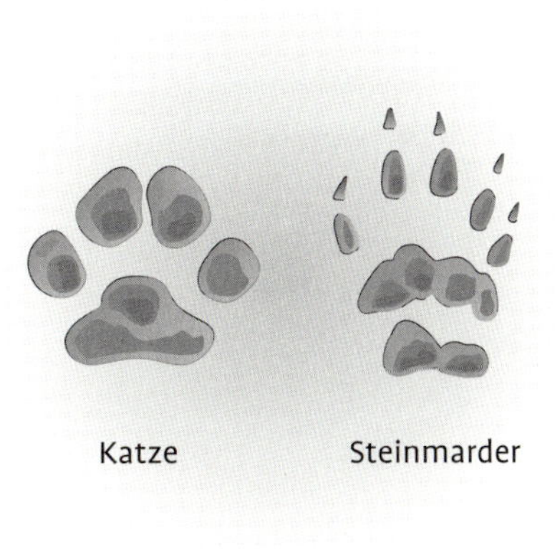

Katzen- und Steinmarderspuren lassen sich anhand der Krallenabdrücke leicht voneinander unterscheiden.

In Siedlungen quartiert sich der Steinmarder häufig auf den Dachböden der Häuser ein.

Schäden und Probleme

Probleme mit einem Marder treten meistens bei **Geflügel- und Kleintierhaltern** auf oder wenn die kleinen Streicheltiere der Kinder im Garten übernachten. Hier musste schon so manches Opfer beklagt werden, wenn der Steinmarder diese auf seinem Speisezettel ergänzt hat.

Ein weiteres Problem sind **Kotspuren**, die der Steinmarder auf dem ganzen Grundstück oder ständig an ein und derselben Stelle hinterlassen kann. Befindet sich eine solche Stelle dann auf der Terrasse, auf dem Balkon, im Carport oder im Geräteschuppen ist die Toleranzbereitschaft der Eigentümer meist schnell überschritten.

Mit dem Kot oder durch den Marder direkt können auch Krankheiten und Parasiten wie Flöhe, Milben, Faden- und Bandwürmer auf den Menschen und dessen Haustiere übertragen werden.

Übertragen Steinmarder Krankheiten?

Auch der Steinmarder ist vor Viruserkrankungen nicht geschützt, die er wiederum auf andere Lebewesen übertragen kann. Die **Staupe**, die verschiedene Organe wie Lunge, Darm oder Nervensystem befällt, ist mit eines der häufigsten Todesursachen frei lebender Marder. Leider kann diese Krankheit auch auf Hunde und Katzen übertragen werden, etwa wenn die Tiere aus dem gleichen Napf fressen oder trinken wie es bei Haustieren, die außerhalb der Wohnung gefüttert werden, durchaus passieren kann.

Eine weitere Erkrankung, die fast jedem einen kalten Schauer über den Rücken laufen lässt, ist die tödlich verlaufende **Tollwut**, die ebenfalls vor dem Steinmarder nicht Halt macht. Zwar ist der Steinmarder in der Tollwutstatistik nur mit 3,4 % vertreten, aber ein Restrisiko ist dennoch nicht auszuschließen.

Einen Steinmarder vertreiben

Eine wirksame Methode, Terrasse, Balkon, Gartenschuppen oder Carports vor den Hinterlassenschaften eines Steinmarders zu schützen, liegt in der Installation eines **Ultraschallgeräts**. Gerade für den Außenbereich bieten sich Geräte an, die mit Bewegungs- oder Temperatursensoren gesteuert werden. Kommt der Steinmarder dem unerwünschten Bereich zu nahe, schaltet das Gerät automatisch seine Scheuchsignale ein, und schlägt den ungebetenen Gast in die Flucht. Dadurch, dass sich die Geräte plötzlich einschalten, ist der Steinmarder auf das Scheuchgeräusch nicht vorbereitet, wie es zum Beispiel bei einem permanenten Betrieb der Fall wäre, wo sich der Marder langsam an die Lärmquelle herantasten könnte (zu der Wirkungsweise von Ultraschall lesen Sie bitte unter „Fremde Hunde und Katzen").

Seit langem sind auch Vergrämungsmittel sehr erfolgreich, die an den entsprechenden Stellen zum Einsatz kommen. Die Sprays, Pulver oder Granulate mit ihren Geruchs- und Bitterstoffen auf der Basis von ätherischen Ölen oder auch Mineralsalzen sind so gar nichts für die feine Nase des Steinmarders. Als Hausmittelchen anstelle handelsüblicher Vergrämungsmittel wurden auch schon WC-Steine oder Packungen von Mottenkugeln zweckentfremdet. Allerdings müssen Sie bei der Verwendung eines Vergrämungsmittels beachten, dass der Wirkungsbereich im Freien nicht sehr weit reicht und zudem Witterungseinflüsse zum schnellen Abbau des Mittels führen.

Möchten Sie den Marder von kleineren Arealen fernhalten, wie zum Beispiel eine bestimmte Stelle

Einen Holzrahmen mit Kaninchendraht unter den Motorraum gelegt, hält zuverlässig den Marder fern.

eines Geräteschuppens oder von einem Balkon, kann ein lose ausgerollter Kaninchendraht oder ein dünnes, welliges Blech den nächtlichen Schleicher fernhalten. Marder treten ungern auf einen Untergrund, der Geräusche macht, oder auf Maschendraht. Auf einen Rahmen gespannt, kann der Maschendraht bequem zur Seite gestellt werden, wenn Sie den Balkon nutzen wollen.

Der Rotfuchs

Vor einigen Jahren konnte man nur sehr selten einen Rotfuchs in einer Stadt zu Gesicht bekommen. Heute jedoch haben sie längst den Lebensraum Wohngebiet für sich entdeckt und sind in vielen Dörfern und Städten „eingezogen“. Sie erfreuen sich an dem Schutz, den ihnen die Siedlungen bieten. Ganz nebenbei füllt unsere Überflussgesellschaft ihnen immer wieder den Magen, ohne dass sie dafür lange auf die Jagd gehen müssen. Dass ihnen in der Stadt kein Jäger nachgestellt und dieser dort die Flinte im Schrank lassen muss, haben Füchse längst registriert. Ebenso haben sie gelernt, dass ihnen durch die Menschen in den seltensten Fällen eine Gefahr droht. Und so ist es auch nicht verwunderlich, dass sie sich in einigen Gegenden sogar so stark vermehrt haben und dort zu einem ernsthaften Problem geworden sind. Immer häufiger tauchen Berichte über besonders dreiste Tiere in den Tageszeitungen auf, etwa solche, die sich auf einem Friedhof niedergelassen und ihre Baue zum Teil auch in den Gräbern angelegt hatten. Bei den Hinterbliebenen löste dies verständlicherweise Zorn und Entsetzen aus. Auch über die Probleme wird berichtet, die durch die Anwesenheit der Füchse entstehen.

Vielen Menschen ist nicht besonders wohl in ihrer Haut, wenn sie einen Fuchs in einer geringen Entfernung entdecken. Ist er doch als ein schlauer Jäger bekannt, der obendrein noch einige gefährliche Krankheiten übertragen kann. Aber welche Gefahr geht wirklich von einem Fuchs aus, wenn er sich in unserer Nachbarschaft angesiedelt hat und regelmäßig in unseren Gärten vorbeischaut? Und wie können wir diesem, wenn nötig, begegnen? Davon berichten die nächsten Abschnitte dieses Buches.

Der Rotfuchs biologisch betrachtet

Oft ist es ein nur mehrere Sekunden andauernder Moment, etwa wenn man beim morgendlichen Hochziehen der Rollos einen Fuchs im eigenen Garten oder vor der Gartenpforte beobachtet. Während sich der erste Gedanke noch um die Realität des wahrgenommenen Bildes dreht: „Das ist doch ein Fuchs!“, taucht sogleich der zweite auf und wir fragen uns, ob uns das Beobachtete jetzt erfreuen oder beunruhigen sollte, und landen unweigerlich beim dritten Gedanken: „Was weiß ich eigentlich über Füchse?“

Der Rotfuchs ist einer von neun Vertretern der Gattung Fuchs, wobei nur der Rotfuchs bei uns beheimatet ist. Getreu seinem Namen ist die Felloberseite rötlich gefärbt, obwohl durchaus auch dunkelrotbraune oder rotgelbliche Fellfärbungen auftreten können. Die Bauchseite ist weiß bis grau gefärbt. Auffällig am **Fell** sind die wie Socken wirkenden schwarzen Färbungen am unteren Teil der Beine. Eine schwarze Fellfärbung ist beim Rotfuchs auch hinter den Ohren zu finden.

Füchse, die eine Schulterhöhe von etwa 40 Zentimeter besitzen, haben eine **Körperlänge** von etwa 110 bis 130 Zentimeter, wobei der buschige Schwanz schon mit einer Länge von etwa 32 bis 45 Zentimeter zu Buche schlägt. Die weiblichen Tiere (Fähen) werden insgesamt nicht so groß und so schwer wie die männlichen Tiere (Rüde). Fähen werden in etwa 5 Kilogramm schwer, während Rüden durchaus das Doppelte wiegen können.

Trotz seiner wissenschaftlichen Einordnung in die Familie der Hunde erinnern die senkrechten Pupillenschlitze, die Krallen an den Pfoten, die teilweise eingezogen werden können, sowie das Verhalten eines Rotfuchses bei der Mäusejagd doch mehr an eine Katze. Wie diese schleicht sich der Fuchs sehr

Biologie

Rotfuchs
Ordnung: Raubtiere (Carnivora)
Familie: Hunde (Canidae)
Art: Rotfuchs *Vulpes vulpes*

Füchse haben die menschlichen Siedlungen als Lebensraum für sich entdeckt.

langsam an seine potenzielle Beute heran, um sie dann mit dem sogenannten „Mäusesprung“ zu ergreifen.

Lebensraum und Lebensweise

Der Rotfuchs ist **nahezu überall** anzutreffen, denn er stellt an seinen Lebensraum keine speziellen Ansprüche. So können wir ihn in Wäldern, Wiesen und Feldern ebenso antreffen wie in Parks und Gärten. Er ist nicht nur dämmerungs- und nachtaktiv, sondern begibt sich auch am Tag auf Streifzüge. Die Tiere nutzen dazu gern die ruhigen Morgen- und Mittagsstunden und ziehen sich wieder zurück, wenn ihre Umgebung aktiver wird. Gerade Fähen, die im Frühjahr ihren Nachwuchs großziehen, bleibt meist nichts anderes übrig als am helllichten Tage auf Nahrungssuche zu gehen. Werden doch gerade zu dieser Jahreszeit die Nächte immer kürzer und der Hunger der Junge immer größer.

Die vier bis sechs Jungtiere (Welpen), die in der Zeit von März bis April das Licht der Welt erblicken, werden von ihrer Mutter in ihrem Bau großgezogen. Sie leben in einer sehr unterschiedlichen Sozialstruktur, meist teilen sie sich in einem „lockeren“ Familienverband ein Revier. Der Rüde beteiligt sich zum Teil an der Aufzucht der Jungen. Er bringt Nahrung für die Jungen in die Nähe des Baus und unterstützt so die Fähe. Ähnliches Verhalten wurde auch bei anderen „Familienmitgliedern“ beobachtet, die zum Teil auch den Bau bewachen, wenn die Fähe auf Nahrungssuche geht.

Der **Bau** wird von der Füchsin selbst gegraben oder es wurde kurzerhand ein Dachsbau zur eigenen Wohnung umfunktioniert. Ein Fuchsbau besitzt neben der Hauptröhre noch weitere Nebenröhren. Diese dienen dem Fuchs bei Gefahr als Fluchtmöglichkeit. Die Erde, die bei den Grabtätigkeiten anfällt, wird vor dem Bau als ein fächerförmiges Pla-

Info

Ernährungstyp

Der Fuchs ein allesfressender Müßiggänger. Er nimmt gern die Nahrung an, die für ihn leicht zu bekommen ist und regelmäßig zur Verfügung steht.

teau angehäuft. Es muss aber nicht immer ein Erdbau sein, ebenso können Füchse Nischen unter einem Gartenschuppen oder unter Baumstümpfen nutzen.

Ernährung

Auch wenn der Fuchs auf Jagd geht und den Raubtieren zugeordnet wird, besitzt er dennoch ein Allesfressergebiss. Das Gebiss, das beim Fuchs aus 42 Zähnen besteht, ermöglicht ihm auch vegetarische Nahrung zu sich zu nehmen. Mit dieser Fähigkeit ausgestattet findet er gerade in Siedlungsgebieten ein meist üppiges Nahrungsangebot.

Seine Hauptbeutetiere sind **Feldmäuse** und **Regenwürmer**. Die Feldmaus ist für den Rotfuchs das ganze Jahr hindurch auf vielen Grünflächen zu erbeuten. Der Regenwurm, wenn auch nur saisonal erreichbar, erfordert für ihn keine lange Jagd und muss an vielen Stellen nur aufgelesen werden.

So stöbert der Fuchs auch gern im Komposthaufen und plündert die süßen Früchte aus den Obstgärten. Ist er schon einmal in den Gärten unterwegs, wird auch schnell nachgeschaut, ob die Nachbarskatze oder der Hund von Gegenüber ihren Napf auf der Terrasse leer gefressen haben. Wenn nicht, würde sich Reineke den Resten annehmen.

Als **Allesfresser** verschmäht der Fuchs auch kein Aas, und so werden die Straßen ebenfalls auf eine lohnende Mahlzeit hin kontrolliert. Aber auch in den Parkanlagen lässt sich aus den Abfallkörben noch der eine oder andere Leckerbissen herausfischen sowie die Reste von Pausenbroten oder Fastfood-Läden in den Büschen auflesen.

Zu den Jagdbeuten eines Fuchses zählt neben der Feldmaus und anderen Kleinsäugern auch das Kaninchen. Beim Feldhasen hingegen sieht es da schon anders aus; dieser wird vom Fuchs nur sehr selten erbeutet, wobei ihm schon mal das eine oder andere Jungtier oder geschwächte Alttier zum Opfer fällt. Unter den Vögeln sind es vor allem die Bodenbrüter, auf die es der Fuchs auf seinen Streifzügen abgesehen hat. Hier erbeutet er ebenfalls Jungtiere oder die Gelege.

In ländlichen Gebieten gelangte der Fuchs als Hühnerdieb leider allzu oft zur zweifelhaften Berühmtheit, und so mancher Hühnerhalter musste mit ansehen, wie sein geliebtes Federvieh von Tag zu Tag weniger wurde. Nicht zuletzt werden vom Fuchs, wie schon in dem alten Kinderlied beschrieben „Fuchs, du hast die Gans gestohlen ...“, auch diese Tiere sowie Enten nicht verschont.

Krankheitsüberträger

Bei der Frage, wie gefährlich ein Fuchs in der Nähe von Siedlungen ist, schwirrt vielen eine Ermahnung durch den Kopf, die sie sich schon im Kindesalter anhören mussten: „Pflücke die Brombeeren nicht so tief, da könnte ein Fuchs rangemacht haben, und dann bekommst du den Fuchsbandwurm.“ Aber: Es gibt keinen dokumentierten Fall, in dem sich ein Mensch über gesammelte Früchte mit dem **Fuchsbandwurm** (*Echinococcus multilocularis*) infiziert hat.

Sicherlich besteht die verschwindend geringe Möglichkeit, dass dieses tatsächlich passieren könnte, aber ein wirkliches Risiko lauert an einer anderen Stelle. Der Fuchsbandwurm lebt als Parasit im Darm des Fuchses, der über seine Exkremente Eier des Bandwurms ausscheidet. Diese Eier werden von verschiedenen Mäusearten aufgenommen, wenn sie mit den Exkrementen in Berührung kommen oder Nahrung aufnehmen, die zuvor durch die Ausscheidungen verunreinigt wurden. In der Maus entwickeln sich die Eier zu Larven (Finnen), die sich in der Leber festsetzen. Der Kreislauf wird geschlossen, wenn der Fuchs die Finnen wieder aufnimmt, indem er die Maus erbeutet und frisst. Wieder im Fuchs angekommen, entwickeln sich die Finnen zu geschlechtsreifen Bandwürmern.

Sicherlich kann es nicht 100%ig ausgeschlossen werden, dass wir uns über verunreinigte Wald- oder Gartenfrüchte infizieren können. Viel größer ist jedoch die Wahrscheinlichkeit, dass wir uns über bereits infizierte Haustiere mit dem Fuchsbandwurm anstecken. Hunde und Katzen können für den Fuchsbandwurm als Fehlwirt auftreten. Fressen sie infizierte Mäuse, scheiden sie ebenfalls dessen Eier aus. Eine unzureichende Hygiene im Umgang mit den Tieren kann dann dazu führen, dass dieser Parasit auf den Menschen übertragen wird. Und ja, hierzu gibt es zahlreiche dokumentierte Fälle. Warum haben wir davon nicht in unserer Kindheit gehört?

Eine weitere Erkrankung, die meist sofort mit dem Fuchs in Verbindung gebracht wird, ist die **Tollwut** Rabies. Das sehr gefährliche Virus ist nicht in der Lage, unsere natürliche Barriere, die Haut, zu durchdringen und wird somit meist bei einem Biss durch den Speichel des infizierten Tieres übertragen. Die Infektion führt sowohl beim Menschen als auch beim Tier zu einer tödlich verlaufenden Gehirnhautentzündung Encephalitis. Eine Infektion beim Menschen ist sehr selten; so wurden in den Jahren 2006 bis 2008 im Jahrbuch des Robert-Koch-Instituts nur 2007 eine Infektion (Nordrhein-Westfalen) beim Menschen aufgeführt. Dieses ist nicht zuletzt auch auf die intensiven Impfungen zurückzuführen, die in den letzten Jahren bei den Wildtieren durchgeführt wurden. Waren es 1980 noch 6800 Fälle von dokumentierten Tollwutfällen, nahm die Zahl der infizierten Tiere von Jahr zu Jahr ab. 2004 waren nur noch zwölf Tollwutfälle bekannt, wovon fünf beim Fuchs auftraten.

Die **Räude**, die ebenfalls beim Rotfuchs angetroffen werden kann, zeigt sich im fortgeschrittenen Krankheitsverlauf mit flächigem Haarausfall. Verursacht wird der büschelweise Haarausfall durch die Grabmilbe (*Sarcoptes canis*), die sich in der Oberhaut einnistet. Eine Übertragung auf Haustiere ist sehr unwahrscheinlich, da die auf der Haut herumlaufenden Larven meist nur durch direkten Körperkontakt übertragen werden können.

Die **Staupe** hingegen, an der besonders häufig Jungfüchse verenden, stellt auch für unsere Haustiere eine potenzielle Gefahr dar. Die Staupe ist eine Viruserkrankung, dessen Erreger (Morbillivirus) eng mit dem menschlichen Masernvirus verwandt ist. Er kann zum Beispiel beim gemeinsamen Fressen aus einem Napf oder beim Belecken oder Benagen der gleichen Stellen übertragen werden. Über die Maul- und Nasenschleimhaut aufgenommen, verbreitet sich der Virus innerhalb weniger Tage in dem Körper des infizierten Tieres und kann dort verschiedene Organe befallen. Somit können die Krankheitssymptome auch sehr unterschiedlich ausfallen. Ein besonders schwerer Krankheitsverlauf ist zu erwarten, wenn die Viren das Gehirn besiedeln. Dieser Krankheitsverlauf endet meist tödlich für das betroffene Tier.

Tipp

Infektionskrankheiten

Auf der Internetseite des Robert-Koch-Instituts (www.rki.de) können Sie viele interessante Informationen über Infektionskrankheiten von A bis Z sowie aktuelle Meldungen zu den neuesten Infektionskrankheiten finden. In der rechten Leiste „Aktuelle Themen" finden Sie das infektionsepidemiologische Jahrbuch der meldepflichtigen Krankheiten. Darin finden Sie nach Bundesländern gegliedert die gemeldeten Erkrankungen verschiedenster Infektionskrankheiten. Mit diesem Hilfsmittel lassen sich auch für medizinische Laien durch Vergleich mehrerer Jahrbücher gewisse Tendenzen für einige Krankheiten erkennen.

Schäden und Probleme

Schmerzhafte Verluste durch Rotfüchse entstehen meist in der **Kleintierhaltung**. Während für ausgewachsene Hunde und Katzen keine Gefahr durch den Rotfuchs besteht, stellt deren Nachwuchs durchaus eine lohnenswerte Beute für den Fuchs dar. Jedoch wird er ihnen nicht nachstellen, solange die Elterntiere oder der Mensch in deren Nähe sind. Werden Hunde und Katzen vom Fuchs noch gemieden, kann es für das Hauskaninchen oder Meerschweinchen schon wesentlich schlechter ausgehen. Auch Hausenten oder Hühner sowie frisch geborene Lämmer können dem Fuchs auf seinen Streifzügen zum Opfer fallen. Nicht selten machen Füchse des Nachts einen „Bummel" durch die Vor-

Info

Liebe zu Schuhen

Diese unerklärliche Vorliebe der Füchse für Schuhe kann in manchen Fällen extreme Ausmaße annehmen. In Föhren im Landkreis Trier-Saarburg (Eifel) waren im Lauf weniger Monate rund 150 Schuhe „abhanden" gekommen, bis der Übeltäter, ein Fuchs, entlarvt wurde. Um seinen Bau herum fanden sich 86 Schuhe, weitere 20 Schuhe konnten mithilfe eines Astes aus dem Bau „geangelt" werden.

Aber nicht nur Schuhe finden bei Füchsen großes Interesse. So ist ein Fall aus dem Kreis Stade bekannt geworden, in dem ein Fuchs nachweislich mehr als 100 Golfbälle vergrub, die er auf dem Golfplatz gefunden hatte, leider auch auf dem für die Golfer heiligen „Green".

gärten und sehen sich die „Auslagen" in den Käfigen an. So wurde die Mitglieder einer Familie eine Zeitlang jede Nacht wach, weil die Kaninchen wild getrommelt hatten, als der Rotfuchs sehr interessiert seine Nase an deren Käfige gehalten hatte. Wären die Tiere nicht so gut geschützt gewesen, hätte die Familie gewiss in der nächsten Nacht Ruhe gehabt, aber zuvor einen tränenreichen Tag mit den Kindern erlebt ...

Der Rotfuchs kann nicht nur als Haustierräuber auftreten, sondern auch lästige Störungen verursachen. Sicherlich ist niemand erfreut, wenn der Fuchs in dem eigenen Garten Löcher gräbt oder auf der Suche nach Futter die gelben Säcke aufreißt und deren Inhalt über die Straße verstreut. Ebenfalls können Komposthaufen nach dem Besuch eines Fuchses manchmal auch recht wild aussehen. Derartige Zwischenfälle werden meist mit einem Murren hingenommen, weiß man ja, dass dies nicht jede Nacht passieren wird.

Ganz anders aber sieht es aus, wenn Reineke wieder etwas aus dem Garten hat „mitgehen" lassen. Ist beispielsweise von den sorgsam vor der Terrassentür abgestellten Gartenschuhen morgens nur noch ein Schuh vorhanden oder befindet sich das Kinderspielzeug aus unerklärlichen Gründen am nächsten Tag nicht mehr in der Sandkiste, so war der Fuchs zugange. Er ist für etliche solcher Verluste verantwortlich, da er kleinere Gegenstände wegträgt, um mit diesen zu spielen.

Nachbar Fuchs – was tun?

Als Kulturfolger ist der Fuchs bereits in vielen Städten und Gemeinden zu Hause, wo wir ihn auch am Tage beobachten können. Trotzdem ist es für die meisten Betroffenen eine sehr verunsichernde Situation, einen Rotfuchs als Nachbarn zu haben. Und so ist für manche das nächste **Ordnungsamt** die erste Anlaufadresse, von dem sich die Betroffenen in ihrer Not Hilfe erhoffen. Einige Städte und Gemeinden haben auf die ständig steigenden Nachfragen reagiert und eine entsprechende Broschüre herausgegeben, um die Bürger über den Rotfuchs als Kulturfolger und Nachbar zu informieren. Setzen wir die darin enthaltenen Informationen um und ändern unser eigenes Verhalten, können wir unseren Garten für den Fuchs verhältnismäßig unattraktiv machen, sodass dieser ihn zukünftig möglicherweise meidet.

Auch wenn Füchse in der Nachbarschaft immer zutraulicher zu wirken scheinen und sich auch am Tag in der Nähe des Menschen aufhalten, sollten wir den Fuchs immer als das sehen, was er ist, als ein Wildtier.

Füchse abwehren

Füchse durchstreifen die in ihrem Revier liegenden Gärten in der Regel, weil sie auf Nahrungssuche sind. Und so ist es auch nicht verwunderlich, dass sie einen Garten, in dem sie stets fündig werden, regelmäßig einen Besuch abstatten. Aus diesem Grunde ist es ratsam, alle **potenziellen Nahrungsquellen** für den Fuchs zu vermeiden. So kann es eventuell unumgänglich sein, gepflanzte Beeren gut zu vergittern und Fallobst regelmäßig aufzusammeln. Ebenfalls ziehen Lebensmittelreste auf dem Komposthaufen Füchse magisch an. Wenn der Kompost nicht fuchssicher abgedeckt werden kann, sollten hier keine Lebensmittelreste entsorgt werden.

Auch „**Gelbe Säcke**" bieten dem Fuchs oftmals noch einen kleinen Leckerbissen, und so kann es passieren, dass der gesamte Inhalt, zum Ärger des Besitzers, im Garten verteilt wird. Gelbe Säcke sollten nicht im Freien gelagert und erst am Tag der Abholung bereitgestellt werden, und nicht, wie oft üblich, schon am Vorabend. Oftmals laden wir die Tiere förmlich ein, indem wir Futternäpfe für Haustiere in den Garten stellen. Auch wenn die Näpfe gegen Abend hereingeholt werden, haben die Füchse zumindest am Tag die Gelegenheit, sich dort satt zu fressen.

Fehlen ausreichende **Grundstückseinzäunungen**, die Streifzüge der Füchse zumindest stark behindern können, sollten Schuhe, Gartenhandschuhe, Kinderspielzeug und andere kleinere Gegenstände über Nacht weggeräumt werden.

Kleintiere, die über Nacht im Garten gelassen werden, müssen ausreichend geschützt werden. Niedrige Gehege sollten deshalb von oben abgedeckt und gegen das Untergraben geschützt sein. Als Schutz vor dem Untergraben des Zaunes durch den Fuchs hat es sich bewährt, den Zaun mindestens 50 Zentimeter in den Boden nach außen gewinkelt

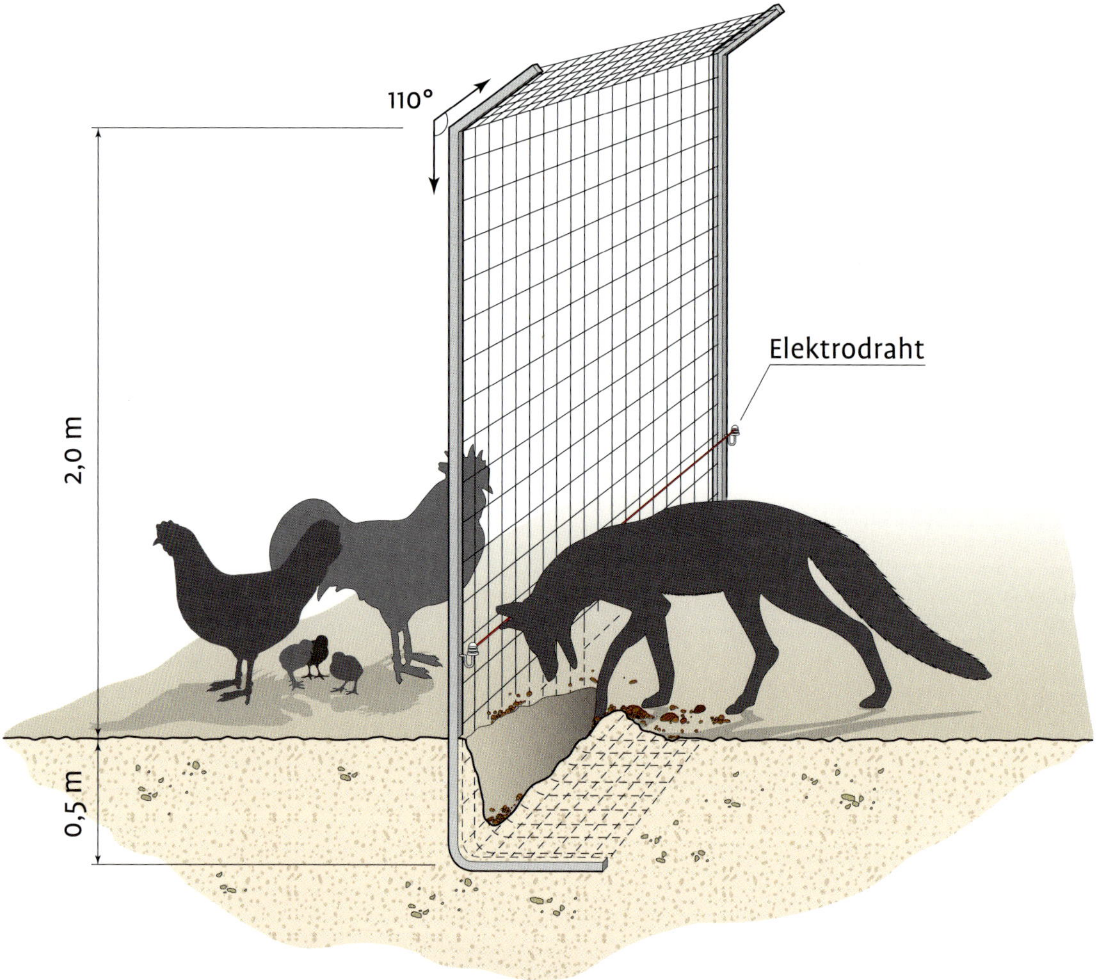

Tiergehege, die nicht abgedeckt werden können, sollten andere „Fuchssicherungen" erhalten wie etwa diesen Schutzzaun.

einzugraben. Ebenfalls kann eine parallel zum Zaun in einer Höhe von etwa 20 bis 30 Zentimeter zum Boden gespannte Litze, die mit einem Weidezaungerät verbunden wird, ein Eindringen des Fuchses verhindern. Da Füchse besser klettern können als andere Tiere unter den „Hundeartigen", kann erst bei einer Zaunhöhe von 2 Metern auf einen Schutz von oben verzichtet werden. Um aber einen sicheren Schutz vorm Überklettern durch einen Fuchs zu haben, ist es notwendig den Zaun im oberen Bereich etwa 110° nach außen gewinkelt zu installieren.

Um Füchsen keine **Unterschlupfmöglichkeiten** zu bieten, müssen Nischen unter Gartenhäusern, Garagen oder auch an Holzlagern beseitigt werden. Füchse nehmen gern entsprechende Unterschlupfe an, was ihnen das Graben eines Baus erspart. Sie sind dabei in der Lage, sich durch Öffnungen von etwa 12 x 12 Zentimeter (kleiner als das Buchformat, das Sie in den Händen halten!) hindurchzuzwängen.

Werden in einem Garten auf Nahrungssuche herumstreifende Füchse beobachtet, sollten sie mit **lauten Rufen**, die am besten noch durch das Schwingen eines Gegenstands (zum Beispiel Besen oder Harke) bekräftigt werden, oder auch mit **Wasser** vertrieben werden. Auch Fuchsbaue sollten Sie schnell beseitigen. Dabei ist immer darauf zu achten, dass eventuell noch Jungfüchse in dem Bau großgezogen werden. Jungfüchse halten sich in der Zeit von April bis Juni im Bau der Fähe auf, in dieser Zeit muss auf das Verschließen der Baue verzichtet werden.

Einige Erfolge, Füchse von einem Grundstück oder Teilen von diesem fernzuhalten, konnten auch mit Vergrämungsmittel oder Ultraschallgeräten für den Außenbereich erzielt werden (siehe auch bei „Fremde Hunde und Katzen").

Fangen mit Fallen

Gerade in den ländlichen Bereichen besitzen viele Menschen Kastenfallen, um einen Steinmarder oder einem Fuchs den Garaus zu machen, wenn diese zum wiederholten Male als Hühnerdiebe auftraten. Wie der Steinmarder zählt auch der Rotfuchs zu den Tieren, die im Bundsjagdgesetz unter dem § 2 (1) aufgeführt sind und somit nur unter Berücksichtigung der Schonzeiten gejagt werden dürfen.

Als Eigentümer eines Grundstücks darf man in „befriedeten Bezirken", zu denen auch Siedlungsgebiete gehören, die Fallenjagd ausüben, um Schäden abzuwenden. Aber meist ist dazu laut Länderjagdgesetz ein Fachkundenachweis zur Fallenjagd erforderlich. In den meisten Fällen ist die geforderte Sachkunde nicht vorhanden und man hat zwei Möglichkeiten, einem Fuchs eine Falle zu stellen. Zum einen könnten Fallen wider besseren Wissens außerhalb der Legalität gestellt werden, wobei das mit Sicherheit die schlechteste Wahl wäre. Die zweite und bessere Möglichkeit ist, mit dem zuständigen **Jäger** des Reviers Kontakt aufzunehmen und mit dessen Hilfe dem Fuchs zu Leibe zu rücken.

Letztendlich bleibt aber die Frage, ob es tatsächlich sinnvoll ist, einen Fuchs zu fangen, wird dessen freiwerdendes Revier höchstwahrscheinlich von einem anderen Fuchs angenommen. Davon ist bei einer steigenden Fuchsdichte auszugehen.

Fremde Hunde und Katzen

In eine zunehmende Verbitterung treibt es viele Gartenbesitzer, wenn sie feststellen müssen, dass fremde Hunde ihr „Geschäft" wieder einmal an ihrer Gartenpforte erledigt oder eine Katze ihre Hinterlassenschaften abermals in die liebevoll gepflegten Beete oder in der Sandkiste der Kinder vergraben hat. Wer jetzt aber resigniert glaubt, dass man daran sowieso nichts ändern kann, dem sei gesagt, dass es durchaus Mittel und Wege gibt, dieses abzustellen.

Hunde und ihr „Geschäft"

Im letzten Jahr hatte es dramatisch zugenommen, dass Hundebesitzer ihre Hunde auf den Grünstreifen an meiner Gartenpforte „hinmachen" ließen. Nun wohne ich in eher ländlicher Umgebung, wo das Aufsammeln der Hundehinterlassenschaften überhaupt kein Thema ist. Es wird konsequenterweise nicht gemacht. Umso mehr ärgerte es mich, dass die Hunde ihr Geschäft vor unserem Haus machten, denn danach ist die Straße zu Ende und

Immer mehr Hausbesitzer drücken ihre Missstimmung mit Hilfe von Schildern aus.

Tipp

Mittel zum Vergrämen

Repellent oder auch Vergrämungsmittel sind als Spray, Pulver oder Granulat zu bekommen. Als Wirkstoffe werden von den Herstellern auf den Verpackungen meist Geruchs-, Geschmacks- und Bitterstoffe angegeben. In den meisten Fällen handelt es sich hierbei um ätherische Öle oder auch Mineralsalze. Aber nicht nur spezielle Fernhaltesprays und Pulver führen zum Erfolg, auch die scharfen Gewürze aus der Küche, wie zum Beispiel Pfeffer, hinterlassen auf die Vierbeiner nachhaltigen Eindruck. Ebenfalls hat sich Teebaumöl in der Tiervergrämung einen Namen gemacht.

Felder und Wiesen schließen sich an. Mit anderen Worten, 5 Meter weiter würde es keinen stören. Im Eingangsbereich eines Grundstückes wirkt es hingegen nicht sehr einladend, wenn das sichtbar gepflegte Rasenstück mit „Tretminen" gepflastert ist. Meiner Meinung nach sollten Hundebesitzer so verantwortungsbewusst sein und daran denken, dass in diesen Bereichen auch Kinder spielen und die schauen in ihrem Spiel nicht immer hin, wohin sie treten oder sich fallen lassen.

Kurz und gut: Ich hatte genug – und ein paar Spatenstiche später stand das **Schild**, welches Hundebesitzern deutlich zu verstehen gab, dass die Hinterlassenschaften ihrer Vierbeiner hier nicht erwünscht sind.

Da ich glaube, dass sich viele eigentlich keine Gedanken darum machen, wo ihre Hunde ihr Geschäft erledigen, hoffte ich auf baldige Besserung. Die traf auch ein. Die letzten Ignoranten machte ich noch in netten Einzelgesprächen auf die Situation aufmerksam. Dabei sagte mir tatsächlich ein Hundebesitzer, dass er gedacht hätte, nur das „große Geschäft" sei nicht erwünscht und der Rest wäre in Ordnung. Daraufhin habe ich ihn auf den sich gelb verfärbten Rasen aufmerksam gemacht, den er bis dahin nicht bemerkt hatte. Und er versicherte mir, zukünftig sein Verhalten zu ändern.

Eine Kundin ließ sich von mir das Warnschild „Vorsicht Rattengift" aushändigen. Sie wollte es an der Gartenpforte aufstellen, um die Hundebesitzer dazu zu bringen, um diese einen großen Bogen zu machen. Aber mit einem aufklärenden Gespräch am Gartenzaun und einem kleinen Schild, auf dem das Problem für jedermann gut zu erkennen ist, glaube ich, ist ein Schritt in die richtige Richtung getan.

Chemische Vergrämungsmittel

Eine weitere einfache, aber sehr effektive Möglichkeit ist der Einsatz eines Repellent oder Vergrämungsmittel, das völlig unbedenklich für die Gesundheit der Vierbeiner ist. Nur in bestimmter Konzentration sind diese Stoffe nichts für die feine Nase der Gartenzaunbeschmutzer. Wenn Hunde an den bevorzugten Stellen schnüffeln, um zu erfahren, „wer denn sonst noch so da war", bekommen sie die Vergrämungsstoffe in die Nase. Das quittieren die Hunde in der Regel mit Schnaufen und Niesen, während sie sich schon aus dem Bereich entfernen, um ihr Glück an einer anderen Stelle zu versuchen.

Leider unterliegen Vergrämungsmittel gewissen Abbauprozessen, sodass sie nach einiger Zeit, die je nach Wetterlage sehr unterschiedlich sein kann, ihre Wirkung verlieren. Aber bei Haustieren wie dem

Hund hoffen wir auf den „Lernerfolg", der sich aus der Negativerfahrung ergibt, und ihn dazu bringt, den behandelten Bereich in der Zukunft zu meiden. Um einen schnellen Erfolg zu erzielen, sollte für die erste Anwendung eines Vergrämungsmittels eine trockene Wetterlage ausgewählt werden. So bleiben die eingesetzten Mittel für eine längere Zeit in einer ausreichend abwehrenden Konzentration erhalten.

Elektrische Vergrämungsmittel

Ein Vergrämungsmittel, das sich immer größerer Beliebtheit erfreut, ist das **Ultraschallgerät**, und so sind Ultraschallgeräte bei den entsprechenden Herstellern für alle erdenklichen Anwendungsbereiche erhältlich. Ultraschallgeräte senden ihre Scheuchsignale in einem Frequenzbereich aus, die für das menschliche Ohr, dessen wahrnehmbarer Frequenzbereich je nach Alter zwischen 16 bis 16.000 Hertz liegt, nicht zu hören sind. Der Ultraschallbereich liegt zwischen 21.000 Hz und 1 GHz, welcher von den Hunden noch sehr gut wahrgenommen werden kann, da ihr Hörvermögen bis zu 50.000 Hz reicht und somit das der Menschen weit übertrifft.

Aber der eigentliche Schlüssel zum Erfolg liegt in dem vom Gerät produzierten **Schalldruck**, einfacher ausgedrückt, in der Lautstärke, die in Dezibel (dB) angegeben wird. Um eine zufriedenstellende Scheuchwirkung zu erzielen, sollten die Geräte einen Schalldruck von etwa 100 dB erreichen. Genauso wichtig wie die Stärke des Schalldrucks ist die Entfernung, die zwischen dem Ultraschallgerät und der Stelle liegt, die gesichert werden soll. Denn wie bei jeder Lärmquelle wird auch das Scheuchsignal mit zunehmender Entfernung immer erträglicher. Bei einem Kauf eines Ultraschallgeräts sollte daher auf die jeweiligen Herstellerangaben geachtet werden, die einen sehr unterschiedlichen Abdeckungsbereich angeben, der zwischen 30 und über 100 Quadratmeter liegen kann.

Damit die Ultraschallgeräte möglichst nah an den entsprechenden Bereichen postiert werden können, werden Ultraschallgeräte mit Netzteil, die eine Stromversorgung erforderlich machen, aber auch batteriebetriebene Geräte angeboten. Weiterhin verfügen viele Ultraschallgeräte über einen **Infrarotsensor**, der erst bei einer registrierten Bewegung

Ultraschallgeräte lassen sich nahezu überall aufstellen oder anbringen.

die Scheuchsignale abgibt. So hat der Hund nicht die Möglichkeit, sich langsam an den permanenten Geräuschpegel zu gewöhnen.

Ein Problem, was sich meist nach dem Kauf eines Geräts ergibt, ist die Befestigung beziehungsweise deren Aufstellmöglichkeit. Damit diese möglichst problemlos geschehen kann, werden einige batteriebetriebe Ultraschallgeräte auf einem **Erdspieß** montiert angeboten, die so ohne größeren Aufwand zum Beispiel in einer Hecke oder anderen Anpflanzungen postiert werden können. Durch ihre meist grüne Färbung fallen die Geräte in den Anpflanzungen dann auch kaum auf.

Fremde Katzen im Garten

Kopfzerbrechen bereiten vielen Gartenfreunde allerdings die in dem Garten herumstreunenden Katzen, die ihre Katzentoilette überall dort einrichten, wo sie schönen, lockeren Boden finden. Meist finden Sie die verräterischen Scharrspuren sowie den kleinen, unscheinbaren Erdhaufen in den frisch geharkten Beeten oder aber in der Sandkiste der Kinder.

Grundsätzlich können alle Vergrämungsmittel, ob elektrische oder chemische, auch gegen streunende

Katzen eingesetzt werden, jedoch mit einer Ausnahme: der Sandkiste der Kinder.

Eine Sandkiste katzensicher machen

Leider gibt es bei der Sandkiste nicht so viele Möglichkeiten, um sicher zu stellen, dass sich auf keinen Fall eine Katze in ihr „erleichtert". Chemische Vergrämungsmittel, die an einer Sandkiste ausgebracht werden, können auch von den Kindern aufgenommen werden, was vermieden werden muss. Aus diesem Grund müssen chemische Vergrämungsmittel aus dem Bereich der Sandkiste verbannt werden.

Stattdessen könnten verschiedene Ultraschallgeräte zur Anwendung kommen. Die sicherste Methode, um eine Sandkiste vor den Hinterlassenschaften einer Katze zu schützen, ist das tägliche **Abdecken** derselben. Einige Hersteller bieten entsprechende Deckel oder Spannplanen an, die aber auch sehr leicht selbst herzustellen sind. Im Grund genommen reicht eine Gewebeplane, die Sie zum Schutz über die Sandkiste spannen oder legen. Befestigt man die Plane auf einem aus Dachlatten geschraubten Rahmen passender Größe, erhält man einen Deckel für die Sandkiste.

Beete sichern

Wie auch bei der Vergrämung der Hunde setzen wir bei Katzen auf den Lernerfolg durch Negativerfahrung. So werden Katzen, die in einem Beet ihre Erfahrung mit einem **Vergrämungsmittel** gemacht haben, dieses gewiss für einige Zeit meiden. Kleinere Beete oder auch Fenstersimse können Sie so sehr gut vor einer herumschleichenden Katze sichern.

Allerdings werden chemische Vergrämungsmittel rasch den Geldbeutel belasten, wenn Sie auf diese Weise größere Gartenbereiche vor streunenden Katzen sichern wollen. In diesem Fall finden Sie in einem **Ultraschallgerät** das Mittel der Wahl.

Manche Menschen haben in einer starken **Wasserpistole** ihr Wundermittel gegen Katzen gefunden, und so wird jede fremde Katze mit dem kalten Wasser, das sich in der vorbereiteten Wasserpistole befindet, kurzerhand „geduscht", sobald sich diese im Garten blicken lässt. Ein dauerhaftes Vertreiben der Tiere ist auch mit dieser Methode zu erreichen. Sie setzt allerdings in der ersten Zeit eine ständige Aufmerksamkeit voraus.

Das Reh

Es ist schon mehr als einmal vorgekommen, dass ich wie ein Kriminalbeamter durch meine Beete schlich und in der am Vortag gelockerten Erde nach verdächtigen Spuren Ausschau hielt, um den Übeltäter zu entlarven, der mir in der Nacht einige Pflanzen abgefressen hatte. Meist brauchte ich nicht lange zu suchen, denn nur zu deutlich sind die Trittsiegel des Rehs zu erkennen. Wer am Waldrand oder am Rand von Wiesen und Feldern wohnt, muss auch mit den Stippvisiten von Rehen rechnen.

Der Feinschmecker

Rehe sind wahre Feinschmecker. In unseren Gärten kosten sie an den verschiedensten Pflanzen, meist nur die zarten Knospen oder Triebe. So „knappern" sie die Knospen unserer heiß geliebten Rosen oder die der Laubbäume ab, wobei sie auch vor der Rinde der Bäume keinen Halt machen. Clematis, Phlox, Stiefmütterchen, Erdbeeren, Efeu sowie der für die Menschen giftige Fingerhut stehen bei den Rehen ebenfalls hoch im Kurs.

Rehe fernhalten

Die effektivste Maßnahme ist es, das Grundstück einzuzäunen. Dabei sollte die Höhe des Zaunes jedoch die Marke von 1,5 Meter nicht unterschreiten. Wildzäune, die eine Höhe von etwa 1,8 bis 2 Meter messen, bieten hierzu eine kostengünstige Alternative. Wem der materielle und finanzielle Aufwand zu groß ist, kann mit Dachlatten die Zaunpfähle verlängern. Zwischen den Dachlatten werden Drähte oder Bänder gespannt. Dabei muss allerdings darauf geachtet werden, dass diese nicht zu dünn ausfallen, damit sie von den Tieren gut wahrgenommen werden und Verletzungen ausbleiben.

Eine weitere Möglichkeit ist es, die Tiere mittels Geruch abzuschrecken. Gute Erfolge wurden dabei mit unbehandelter Schafswolle erzielt, die in kleineren Büscheln in die Pflanzen gehängt wird. Auch gibt es im Handel Duftstoffe auf der Basis natürli-

Gerade in ländlichen Gebieten zählen Rehe zu den nächtlichen Gartenbesuchern.

cher Öle, mit denen kleine Lappen benetzt werden, die anschließend an Stangen oder Pflanzen im Garten ihren Platz finden. Beide „Geruchsspender" müssen von Zeit zu Zeit erneuert werden, denn der Geruch verfliegt bald.

Das Wildschwein

Längst sind Berichte in Tageszeitungen, die über die Zunahme der Wildschweine in den Städten berichten, keine Seltenheit mehr. Selbst mit einer intensiven Bejagung, die in den letzten Jahren gegen das „Wildschweinproblem" gestartet wurde, hat man vielerorts das Problem bis zum heutigen Tag nicht in den Griff bekommen. Je nach Quelle wird von einer Zuwachsrate von bis zu 300 % gesprochen.

Allesfresser Wildschwein

Das Wildschwein ist mit seinen 44 Zähnen das Paradebeispiel eines Allesfressers. Als Nahrung dienen dem Schwarzkittel vor allem Bucheckern und Eicheln sowie Mais, Erbsen, Bohnen, Kartoffeln und Weizen, aber auch Aas wird vom Wildschwein nicht liegen gelassen. Und so mancher Gartenbesitzer blieb auch schon beim morgendlichen Gang in den Garten wie vom Donner gerührt stehen im Glauben, in der Nacht sei jemand mit einem Pflug über seinen Rasen gefahren. Schuld an dieser Verwüstung haben die Wildschweine, die mit ihrem Rüssel in der Erde nach Regenwürmern und Engerlingen suchen, um ihren Speiseplan mit Eiweiß abzurunden. Dabei verschmähen sie auch nicht die Blumenzwiebeln in den Beeten.

Einen Schwarzkittel abwehren

Wie beim Reh ist eine ausreichende Umfriedung des Grundstücks der sicherste Schutz vor den nächtlichen Wühltätigkeiten der Wildschweine. Der Zaun sollte eine Mindesthöhe von 1,5 Meter besitzen und über genügend Stabilität verfügen. Denn er muss einem bis zu 150 Kilogramm schweren Wildschwein standhalten, wenn dieses gegen den Zaun drückt. Wildschweine unterwühlen auch gern Zäune. Aus diesem Grund empfiehlt es sich, den Zaun auf ein Betonfundament zu errichten, dass 50 Zentimeter tief in die Erde reicht. Alternativ können Sie einen Maschendrahtzaun ebenfalls bis zu dieser Tiefe eingraben und das Ende ein gutes Stück rechtwinklig nach außen zeigen lassen. Ein Wildschwein, das den Zaun unterwühlen möchte, steht mit seinem Gewicht auf dem Draht und kann ihn dadurch nicht überwinden.

Ist es Ihnen nicht möglich, das Grundstück ausreichend zu sichern, können Sie im Fachhandel Duftkonzentrate beziehen, mit deren Hilfe Wildschweine in die Flucht geschlagen werden können. Nur leider besitzen diese Präparate meist auch für den Menschen einen unangenehmen Geruch. Ebenfalls ist die Maßnahme nicht wartungsfrei und muss nach ein paar Wochen erneuert werden.

Gesetzliches

Wildschäden

Bei Schäden, die durch Wildtiere hervorgerufen werden, können Grundstückseigentümer nur dann Ersatzansprüche gegenüber den Jagdausübungsberechtigten geltend machen, wenn das Grundstück, auf dem der Schaden entstanden ist, innerhalb eines Jagdbezirks liegt. Grundsätzlich gilt, dass die Sicherung des Grundstückes in der jeweiligen Verantwortung des Eigentümers liegt.

Wildschweine können bei der Nahrungssuche auf Grünflächen erhebliche Schäden anrichten.

Störenfriede unter den Insekten

Stechmücken

Im Sommer erreichen uns immer wieder Horrormeldungen über Stechmücken, die auch in Deutschland gefährliche Krankheiten übertragen können. Eine Meldung betraf die als potenzieller Überträger des sehr gefährlichen Dengue-Fiebers, West-Nil-Virus und Gelbfiebers geltende, 2006 erstmals nachweislich bei uns überwinternde Asiatische Tigermücke *Aedes albopictus*. Zuvor gab es Meldungen von mit Malaria infizierten Personen, die in der Vergangenheit überhaupt keine Reise gemacht hatten oder nicht in ein Land gereist waren, in denen eine Malariagefahr besteht. In diesen Fällen war die Überträgermücke, die Anophelesmücke, zu ihren Opfern gereist.

In Zeiten, in denen man in einer relativ kurzen Zeit um den gesamten Globus reisen kann, können „blinde Passagiere" ebenfalls den Weg zu uns finden. Sie reisen mit dem Frachtgut oder mit den Reisenden First-Class.

Die Anophelesmücke ist bei uns heimisch und bildet mit vier Gattungen (*Aedes, Culex, Culiseta und Mansonia*) eine Artenvielfalt, die in etwa 40 Mückenarten umfasst. Zum Glück sind unsere einheimischen Mücken nur selten Träger des Malariaerregers (ein Protozoen der Gattung *Plasmodium*), das bei der Blutmahlzeit auf den Menschen übertragen wird. Ebenso ist auch die Gefahr, sich bei dem Stich

Info

Ein Opfer finden

Durch die jeweiligen Körperausdünstungen ist die Mücke in der Lage, ihr potenzielles Opfer über eine längere Strecke aufzuspüren. Orientierungshilfen geben hierbei hauptsächlich das Ammoniak und die Fette auf unserer Haut. Ist der Blutsauger einem Menschen gefährlich nahe gekommen, hilft ihr das ausgeatmete Kohlendioxid und die Körpertemperatur, damit sie ihn auf gar keinen Fall verfehlt.

einer Asiatischen Tigermücke mit einer gefährliche Infektionskrankheit zu infizieren, sehr gering, weil die Mücke diese Infektionskrankheiten nicht selbst ausbildet, sondern hierfür zuvor Kontakt zu Erkrankten gehabt haben muss. Allerdings ist die Asiatische Tigermücke mit Abstand die aggressivste Mückenart, die bei uns vorkommt. Wenn sie sich weiter verbreitet, wovon ausgegangen werden kann, wird sie uns noch so manchen lauwarmen Sommerabend unerträglich machen.

Stechmücken biologisch betrachtet

Wie oft haben wir uns schon der 4 bis 10 Millimeter großen Plagegeister erwehren müssen, wenn sie mit ihren langen Stech- und Saugrüsseln versucht haben, uns zur Ader zu lassen. Dabei haben sie uns nicht selten aussehen lassen wie traditionelle Schuhplattler.

Bei genauerer Betrachtung dieser Insekten fallen neben den gefürchteten Mundwerkzeugen die Fühler sowie die recht großen Augen am **Kopf** auf. Die Fühler des Männchens erinnern eher an ein sich stark verzweigendes Geweih, während die des Weibchens einfachen Antennen ähneln. Das sich am Kopf anschließende **Brustsegment** ist sehr kräftig ausgeprägt gegenüber dem restlichen Körper und wirkt beinahe klotzig. An der Brust befinden sich die drei feingliedrigen Beinpaare sowie das meist durchsichtige Flügelpaar. Der dünne schlanke, deutlich in Segmente unterteilte **Hinterleib** der Stechmücke besitzt eine große Dehnungsfähigkeit. Dadurch ist die Mücke in der Lage, bei einer Blutmahlzeit deutlich mehr Blut aufzunehmen als der Darm im Hinterleib normalerweise fassen würde.

Bei den Mücken haben uns nur die Weibchen zum **Stechen** gern, die zur Entwicklung der Eier eine Blutmahlzeit benötigt. „Angezapft" werden Menschen sowie die warmblütigen Vögel und Säugetiere.

Meist werden die unbedeckten Körperstellen angeflogen, aber auch eng anliegende Kleidung kann uns nicht sicher vor dem Stich einer Mücke schützen. Sie sticht gezielt in kleine Blutgefäße, die sie zuvor durch das Tasten auf der Hautoberfläche lokalisiert hat.

Entwicklung

Die **Eier** der Stechmücken werden einzeln oder zu vielen als „Mückenschiffchen" in stehendem Gewässer abgelegt, wo sie je nach Mückenart mithilfe einer Schwimmvorrichtung oder Lufteinschlüssen in der Eihaut an der Wasseroberfläche treiben. Aus ihnen entwickeln sich **Larven**, die sich von organischem Material an der Wasseroberfläche ernähren, das sie mithilfe ihrer Mundwerkzeuge „abweiden". Mittels eines Atemrohrs, das sich am Ende des Hinterleibs befindet, holt die Mückenlarve Luft, während sie in dieser Entwicklungsphase dicht unter der Wasseroberfläche mit dem Kopf nach unten hängen. Mückenlarven besitzen bereits einen klar gegliederten Körperbau, an dessen Kopf auch deutlich ein Augenpaar zu erkennen ist.

Abgeschlossen wird die Entwicklung der Stechmücke nach etwa zwei bis drei Wochen als Larve über ein **Puppenstadium**, welches ebenfalls dicht unter der Wasseroberfläche zur erwachsenen Stechmücke vollendet wird.

Typische Entwicklungsstätten

Schon 450 Jahre vor unserer Zeit hatte Pythagoras zum ersten Mal eine Stechmückenbekämpfung vorgenommen, in dem er durch das Anlegen von Dränagen eine sizilianische Stadt von Mücken befreite. Wenn auch die Menschen damals vermutlich keine Kenntnis über die Entwicklung der Stechmücken hatten, so war ihnen durch Erfahrungen durchaus bekannt, dass ein Stechmückenaufkommen an Seen oder in Sumpfgebieten bis zur Unerträglichkeit ansteigen kann. Aber woher kommen die Stechmücken, die uns den lauschigen Sommerabend im Garten vermiesen?

Zum einen ist es der **Gartenteich**, der sich immer größerer Beliebtheit erfreut, und somit auch schon in vielen Gärten anzutreffen ist. Zum anderen sind es die meist unscheinbaren, kleinen Wasseransammlungen, die in fast jedem Garten vertreten sind, oft auch mehrere. Dort entwickelt sich die Mückenbrut.

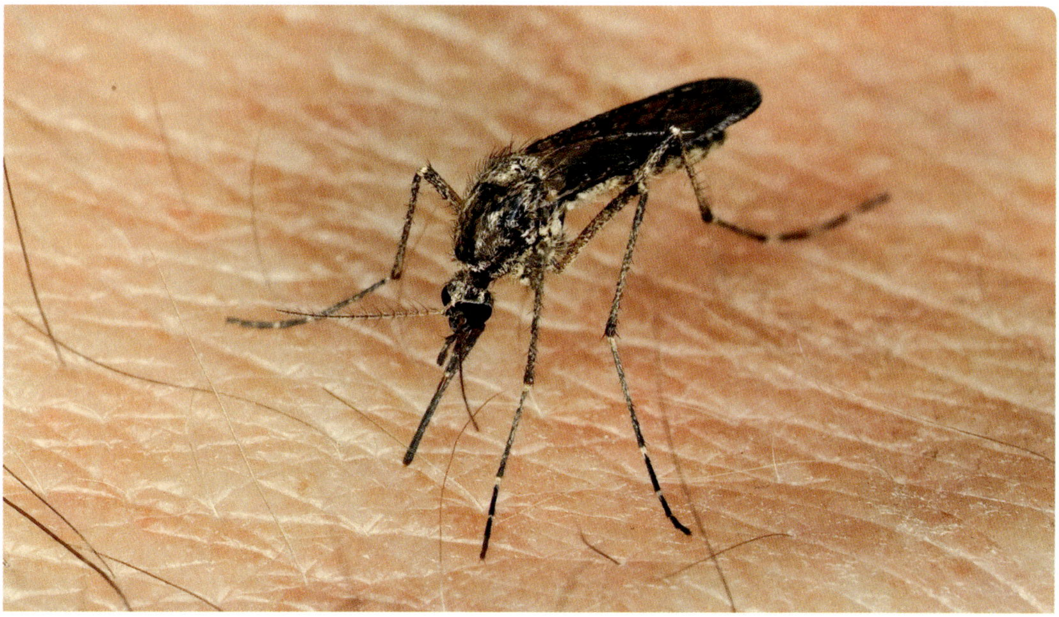

Erst nach einer Blutmahlzeit können sich die Eier der weiblichen Mücke entwickeln.

Mücken meiden Wasserstellen, in denen eine Tiefe von 50 Zentimeter überschritten wird, und legen ihre Eier lieber an den Stellen ab, die Sie vielleicht noch gar nicht als Brutquelle in Betracht gezogen haben. Ein Klassiker ist zum Beispiel die **Regentonne**. Wird sie nicht komplett abgedeckt, kann sie ein ideales Entwicklungsbecken für die Blutsauger bieten. Wasseransammlungen wie das Restwasser in der Regentonne sollten spätestens alle zehn Tage einmal trocken gelegt werden, um die Entwicklung von Stechmücken zu unterbinden. Weiterhin zählen selten benutzte **Gießkannen**, in denen immer ein wenig Wasser bleibt, Blumenübertöpfe, Vogeltränken sowie Eimer, Abdeckplanen und alte Autoreifen, in denen sich der letzte Regen gesammelt hat, zu den idealen Brutstätten.

Vorbeugende Abwehrmaßnahmen

Um den eigenen Garten möglichst mückenfrei zu halten, können die natürlichen Feinde der Mücken wie Insekten fressende **Vögel** gefördert werden. Bei dieser Maßnahme muss das Für und Wider gar nicht erst abgewogen werden, da die meisten Gartenbesitzer gern eine Vielzahl an Vögeln in ihrem Garten beherbergen würden.

Mückenlarven, die sich im Flachwasserbereich eines Gartenteichs tummeln, kann mithilfe von eingesetzten **Fischen** der Garaus gemacht werden. Weitere Feinde der im Wasser lebenden Mückenlarven sind **Libellenlarven** und **Wasserkäfer**, die sich in den meisten Fällen von selbst im Gartenteich einfinden.

Im Fachhandel werden **mikrobiologische Präparate** gegen Stechmückenlarven angeboten, die umweltverträglich eine Mückenlarvenentwicklung im Gartenteich verhindern sollen, wenn keine Fische gehalten werden. Die Wirkungsweise dieser Präparate beruht auf einem nur für die Mückenlarven schädlichen Mikroorganismus namens *Bacillus thuringiensis israelensi*.

Weiterhin sollten Sie alle Wasseransammlungen im Garten konsequent beseitigen oder in einem Rhythmus von zehn Tage trocken legen. Setzen Sie diese Maßnahmen konsequent um, kann sich das jährliche Stechmückenaufkommen auf ein erträgliches Maß reduzieren.

Aktive Abwehrmaßnahmen

Letztendlich kann durch vorbeugende Maßnahmen nicht jede Stechmücke im Vorfeld schon besiegt werden, und es werden in den betroffenen Gebieten trotz konsequent durchgeführter Maßnahmen immer noch Stechmücken den Weg zu uns auf die Terrasse oder den Balkon finden. Dort können Sie ihnen den Appetit auf eine Blutmahlzeit mit Tomaten- und Weihrauchpflanzen sowie der Zitronella-Duftgeranie oder auch Zitruskerzen verderben, denen eine abschreckende **Duftwirkung** auf Mücken zugesprochen wird.

Eine weitere Möglichkeit, sich die stechenden Insekten vom Hals zu halten, besteht mit einem **UV-Insektenvernichter**, die im Terrassen oder Balkonbereich aufgehängt oder aufgestellt werden. Durch das UV-Licht werden Stechmücken, aber auch Fliegen, Motten und Wespen angelockt und verbrennen dann je nach Geräteart an einem elektrischen Gitternetz oder bleiben auf einem Leimboden kleben. Meist sind für den privaten Bereich nur Geräte mit Gitternetz zu bekommen. Möchten Sie einen UV-Insektenvernichter einsetzen, sollten Sie beachten, dass die in den Geräten eingesetzten UV-Röhren, die das Locklicht produzieren, nach einiger Zeit an Wirkung verlieren und gegebenenfalls ersetzt werden müssen. Eine zufriedenstellende Lockwirkung ist daher meist nur in den ersten beiden Jahren gegeben.

Seit einiger Zeit können **Mückenfallen** auf dem Markt erstanden werden, die durch eingesetzte Lockstoffsets die vom menschlichen Körper ausgeschiedene Milchsäure und Kohlendioxid imitieren. Die so angelockten Stechmücken geraten beim Anflug auf ihr vermeintliches Opfer in der unmittelbaren Nähe der Falle in einen durch einen Ventilator in deren Innern erzeugten Luftstrom, der die Mücken in die Falle zieht.

Da wir uns aber nicht immer im abendlichen Garten an ein und demselben Ort, wie zum Beispiel der Terrasse, aufhalten, sondern uns in unserer grünen Oase bewegen, hilft nun ein **Repellent** vor den Mückenattacken. Repellents sind als Spray, Creme oder Öl erhältlich und werden auf der unbedeckten Haut aufgetragen.

Gartenteiche, die Nr. 1 der Gartenbrutstätten für Mückenlarven, erfreuen sich immer größerer Beliebtheit.

Wespen

Alle Jahre wieder, wenn wir anfangen, die warme Jahreszeit zu genießen und uns mit kleinen oder großen Leckereien auf die Terrasse setzen, bleiben wir meist nicht lange alleine. Nach kurzer Zeit können wir das aufdringliche, Unheil verheißende Summen einer Wespe wahrnehmen. Mit ihrer schwarzgelben Färbung gibt sie uns deutlich zu verstehen: „Achtung, jetzt komm ich." Und ehe wir uns versehen, haben wir neben unserer Leckerei auch das meist unbeliebte Insekt auf dem Teller.

In dieser Zeit klingen die Telefone bei den Schädlingsbekämpfern Sturm. Oft rufen Menschen an, die bei Arbeiten im Garten zufällig auf ein Wespennest gestoßen sind, das sie jetzt entfernt haben möchten. Dabei ist das Auffinden dieser Wespennester, wie es mir schon viele Kunden erzählt haben, oft ein doch sehr dramatisches Ereignis. So geschieht es leider recht häufig, dass beim Schneiden einer Hecke ein unter den Blättern verborgenes Wespennest nicht rechtzeitig erkannt wird und es beim Zurechtstutzen der Hecke ordentlich durchgerüttelt oder sogar beschädigt wird. Das versuchen die daraufhin sofort ausschwärmenden, wild entschlossenen Insekten auf Wespenart zu verhindern. Und so hat schon mancher bei solchen Attacken mehrere schmerzliche Stiche davontragen müssen.

Ein weiterer „Klassiker" ereignet sich meist in den Beeten, wenn beim Unkraut jäten oder beim Zurückschneiden einiger Pflanzen das kleine, oftmals versteckte Erdloch übersehen wird, in das regelmäßig Wespen schlüpfen oder herausfliegen. Das Erdloch dient den Wespen als Einflugloch für ihr Nest, das meist nicht tief im Boden verborgen ist. Doch nur leider wird es meist erst entdeckt, wenn man mit einem Fuß daneben oder eventuell darü-

Ein verborgenes Wespennest, das beim Schneiden der Hecke entdeckt wurde.

Wichtig

Nützliche Wespen
Wespen ernähren sich hauptsächlich von Raupen, Fliegen und deren Maden, aber auch von Früchten und Blütennektar. So sind sie durchaus als Nützling anzusehen, weil ihnen eine Reihe von Schadinsekten zum Opfer fallen, die sie auch im Garten erbeuten.

ber steht. Das heißen die Wespen, die in dem Nest beheimatet sind, meist nicht für gut und quittieren es ebenfalls mit einem gezielten Angriff.
Harmloser wirken meist die Wespennester, die in Geräteschuppen an den Decken hängend entdeckt werden. Aber gibt es tatsächlich aggressive und harmlose Wespen?

Wespenarten

Tatsächlich leben in Mitteleuropa annähernd 500 verschiedenen Wespenarten. Viele dieser Arten werden aber zum einen nicht als Wespen erkannt, weil ihnen die Form und Farbe fehlt, wie sie unserem Erachten nach eine typische Wespe haben sollte. Zum anderen leben die meisten Wespenarten als einzelne Individuen (solitär) und nicht als staatenbildende Arten in großen Nestern (sozial) zusammen. Durch die **solitär lebenden Wespenarten** werden wir auch weder belästigt noch geht von ihnen eine Gefahr aus, denn nur wenige besitzen überhaupt einen Stechapparat.
Von den vielen Wespenarten, die in Mitteleuropa vertreten sind, gehören nur elf zu den staatenbildenden Arten, wobei aber wiederum nur zwei dieser sozial lebenden Wespenarten uns im Sommer belästigen oder sogar gefährlich werden können. Zwar bauen auch andere Wespenarten ihre Nester in der unmittelbaren Umgebung des Menschen, aber sie sind an den süßen Sachen, die im Sommer auf den Tisch kommen, nicht interessiert.
Nur mit der **Deutschen Wespe** (*Paravespula germanica*) und der **Gemeinen Wespe** (*Paravespula vulgaris*) ist das allerseits befürchtete Zusammentreffen am Kaffeetisch oder beim Eis essen möglich. Aber nicht nur an Kuchen, Schinken oder süßer Limo

Erdnester von Wespen in den Beeten haben schon oft zu bedrohlichen Begegnungen geführt.

werden Wespen als störend und bedrohlich empfunden, sondern alleine die Anwesenheit ihrer Nester löst bei einigen Menschen bereits starke Ängste aus. Einige Wespenarten legen ihre Nester gern in Hohlräumen an, wie sie zum Beispiel in der Dachdeckung im Traufbereich zu finden sind. So können ihre zum Sommer hin zunehmenden „Flugaktivitäten" als unangenehm empfunden werden, wenn sie beispielsweise über der Terrasse oder Balkon stattfinden.

Wespennester unterscheiden

Wie aber können Wespen(-nestern) unterschieden werden? Das ist besonders wichtig, wenn es um die Frage geht, ob es sich um die durchaus aggressiveren Völker der Gemeinen oder Deutschen Wespe handelt, bei denen eine Belästigung an der Kaffeetafel zu rechnen ist. Gerade, wenn sich das Nest in der Nähe der Terrasse befindet, können die individu-

Wichtig

„Harmlose“ Wespen

Generell kann davon ausgegangen werden, dass freihängende „Kugelnester“, wie sie an Häusern, Geräteschuppen, Carports oder auf Dachböden zu finden sind, „harmlose“ Wespenarten beherbergen.

enstarken Völker der Deutschen und Gemeinen Wespe zu einem ernsten Problem werden.

Meist finden wir in der unmittelbaren Umgebung des Menschen auch die völlig harmlose **Sächsische Wespe** (*Dolichovespula saxonica*). Sie baut ihre deutlich erkennbaren Nester in der Regel in ausreichender Entfernung zum Boden. Die meist erdbeerförmigen Nester besitzen im Gegensatz zu den Nestern der Deutschen und Gemeinen Wespe eine

Die Sächsische Wespe ist ein recht harmloser Vertreter unter den Wespenarten.

elastische, aschgraue Hülle aus dem sogenannten Wespenpapier. Wespenpapier produziert die Wespe, indem sie kleine Stück von verwittertem Holz abnagt und diese später mit einem Drüsensekret durchtränkt. Werden diese Nester nicht beschädigt oder erschüttert, ist mit einem aggressiven Verhalten dieser Wespenarten nicht zu rechnen. Aus Vorsichtsgründen sollten Sie dieser Wespe einen Raum von etwa 1 bis 2 Meter um das Nest herum zugestehen, damit sie nicht in Bedrängnis geraten, ihr Nest verteidigen zu müssen.

Die Nester der Sächsischen Wespe können dann meist schon Ende Juli problemlos entfernt werden, da sich das meist nicht sehr große Volk bereits zu diesem Zeitpunkt auflöst. Bei Wespenvölkern, die zum Winter hin eingehen, können nur befruchtete Königinnen den Winter überleben. Sie fliegen zum Herbst aus und überwintern in geschützten Verstecken. Die zurückbleibenden Nester der Wespen werden im nächsten Sommer nicht erneut besiedelt und können daher unbesorgt entfernt werden.

Befinden sich die Nester jedoch in der Erde kann mit ziemlicher Gewissheit davon ausgegangen werden, dass es sich hierbei um die **Nester der Deutschen oder der Gemeinen Wespe** handelt. Meist liegt der Eingang des Nestes, das auch gern in Mäusegängen oder anderen Kleinsäugergangsystemen angelegt wird, in einem schattigen Bereich. Die Deutsche Wespe bevorzugt für die Nestanlage gerade und offene Flächen, während die Gemeine Wespe eher an abfallenden Oberflächen anzutreffen ist. Bei der Gartengestaltung bieten wir ihr dazu zum Beispiel an Steinhaufen, Pflanzsteinen, Erdanschüttungen oder auch im Komposthaufen reichlich Gelegenheit. Erdnester befinden sich in den meisten Fällen nicht weiter als 50 Zentimeter vom Einflugloch entfernt, in der geringen Tiefe von etwa 15 bis 30 Zentimeter. Die Deutsche und die Gemeine Wespe bilden sehr große Völker, die durchaus eine Stärke von bis zu 5000 Tieren erreichen können. Mit einer solchen Volkstärke sind die Wespen in der Lage, die vorhandenen Hohlräume durch Abtragen von Erde entsprechend ihres Platzbedarfs zu vergrößern.

Wespen abwehren

Auch wenn sich kein Nest in der unmittelbaren Nähe zum Haus befindet, werden wir selten einen Sommer unbehelligt von einer Wespe durchleben. Deshalb sollten rechtzeitig kleine Kinder darauf aufmerksam gemacht werden, dass energische Abwehrmaßnahmen bei einer Wespe verhindert werden sollten. Wespen stechen nur bei der Verteidigung des Nestes oder wenn sie auf der Nahrungssuche in Bedrängnis geraten. So mussten wir als Kinder beim Auftauchen einer Wespe immer **ruhig sitzen bleiben** und mit tiefster Überzeugung „sauer, sauer, sauer“ vor uns her sagen. Letztendlich waren alle Wespen, die mich angeflogen hatten, wohl taub oder sie wollten mich nicht verstehen. Aber so konnte ich als Kind länger still sitzen bleiben, wenn sich eine Wespe bei mir niedergelassen hatte, als wenn ich nicht mit meinem kleinen Sprüchlein beschäftigt gewesen wäre.

Viele schmerzhafte Begegnungen mit Wespen können vermieden werden, wenn in der Nähe von **Fallobst** oder auf Rasenflächen, in denen auch **Kleepflanzen** blühen, nicht barfuss gelaufen wird. Oder aber Sie sammeln das Fallobst regelmäßig ab und mähen den Rasen, sobald sich Blüten von Klee oder anderen Pflanzen bilden. Das Aufsammeln von Fallobst sollte stets mit einer entsprechenden Vorsicht geschehen, da sich auf der nicht eingesehenen Seite des Obstes Wespen befinden können, auf die Sie beim Aufsammeln greifen würden.

Weiterhin sollten süße Speisen im Sommer unter **Plastikhauben** gestellt werden, die Wespen fernhalten. Getränke können zum Schutz vor den stechenden Insekten abgedeckt oder aus einem Trinkhalm getrunken werden. Im Handel sind **spezielle Trinkbecher** mit festsitzenden Plastikdeckeln und Trinkhalmloch erhältlich, die aus Vorsichtsgründen auf jeden Fall für Kinder angeschafft werden sollten.

Ebenfalls sollte bei **Kindern** darauf geachtet werden, dass ihnen nach dem Naschen keine süßen Reste mehr am Mund kleben. Auch kann es sehr gefährlich sein, wenn Kinder beim Naschen oder Eis essen abgelenkt sind und dadurch Wespen, die sich auf Speisen oder in die süße Limo setzen, nicht rechtzeitig erkennen.

Oben: Frei hängende Kugelnester beherbergen in der Regel „harmlose“ Wespenvölker.

Unten: In diesem Komposthaufen hatten sogar gleich zwei Wespenvölker ihr Nest gebaut (eines ist auf dem Bild sichtbar).

Um einzelne Tiere abzuwehren, können **Köderfallen** im Garten, Terrasse oder Balkon aufgehängt werden. Köderfallen sind mit einfachen Mitteln selbst herzustellen oder im Fachhandel fertig zu kaufen. Um eine Köderfalle selbst herzustellen wird lediglich eine durchsichtige Getränkeflasche benötigt, die mit einer Köderflüssigkeit zu einem Viertel gefüllt wird. Als Köderflüssigkeit eignen sich Obstsäfte, denen ein wenig Essig zugegeben wird. Die stärkste Lockwirkung besitzen Obstsäfte, die zu gären beginnen. Nach dem Befüllen der Flasche wird diese mithilfe eines Fadens in die Nähe des Bereichs aufgehängt, in dem die Wespen unerwünscht sind. Entgegen anders lautender Meinungen besitzt Zuckerwasser keine große Anziehungskraft auf Wespen.

Um Wespen aus den Wohnräumen fernzuhalten, können Terrassentüren und Fenster mit **Gazen** (oft auch als Fliegennetze bezeichnet) gesichert werden.

Wespen bekämpfen

Nicht immer sollte sofort an eine Bekämpfung eines Wespennests gedacht werden, denn wie jede wild lebende Tierart ist auch die Wespe durch das Bundestierschutzgesetz **geschützt**. Nur in Ausnahmefällen und nur wenn von den Nestern eine potenzielle Gefahr ausgeht, können diese umgesetzt oder auch bekämpft werden.

Eine Bekämpfung lässt sich am einfachsten durchführen, wenn die Königin mit dem Aufbau des Nestes beginnt. In dieser Phase, in der die Königin sich noch alleine um die Waben kümmert oder erst eine Handvoll Arbeiterin um sich versammelt hat, können diese einzelnen Tiere mit einem **Insektizid** (chemisches Mittel zur Insektenbekämpfung) abgetötet werden. Am günstigsten für eine Bekämpfungsmaßnahme sind die frühen Morgen- oder Abendstunden. In dieser Zeit sind die Wespen durch die fehlende Wärme nicht sehr agil in ihren Bewegungen und somit ist kaum mit einer Gegenwehr zu rechnen.

Für die Abtötung der Wespen empfiehlt es sich ein Insektizid mit einer **Sofortwirkung**. Würde ein Mittel mit verzögertem Wirkungseintritt zur Anwendung kommen, möchte ich nicht in Ihrer Haut stecken, wenn Sie die Wespen erst richtig wütend gemacht haben. Insektizide, die Pyrethroide beinhalten, verfügen über eine solche Sofortwirkung. Auch würde ich immer einem Produkt den Vorrang geben, das über einen „**Vollstrahl**" verfügt. Dieser Strahl ermöglicht es Ihnen, einen etwas größeren Abstand zum Nest einzunehmen, den Sie bei einem fein zerstäubenden Spray nicht hätten.

Bei freihängenden Nestern besteht die Möglichkeit, diese in eine unter dem Nest geöffnete **Plastiktüte** fallen zu lassen, wobei die Plastiktüte zuvor schon vorsichtig auf Höhe des Nestes gehalten werden sollte. Das Nest sollte in einer zügigen Bewegung abgetrennt oder abgeschlagen werden, und es versteht sich von selbst, dass der nächste Schritt ist, die Plastiktüte schnell zu verschließen.

Bei Erdnestern kann ebenfalls ein **Insektizid** zum Einsatz kommen, das in das Einflugloch eingebracht wird. Danach sollte das Loch verschlossen werden. Ein „einfaches" Verschließen des Loches mit Erde würde nicht zum Erfolg führen, da sich die Wespen ihren Weg nach draußen wieder freigraben. Im Garten eines Kunden war mir ein etwas größerer Sandhaufen aufgefallen, an dessen Stelle ein Erdnest bekämpft worden war. Daraufhin haben sich die Wespen durch die erste Schaufel voll Sand durchgegraben, ebenso durch die nächsten fünf bis sechs Schaufeln aufgehäufter Erde. Erst, als er eine Schubkarre voll Sand auf die Stelle gekippt hatte, sei endlich Ruhe gewesen, berichtete mir der Herr etwas resigniert.

Bei versteckt liegenden Nestern, wie zum Beispiel in der Zwischenwand eines Wohnhauses, die von den Wespen durch die Mauerbelüftungslöcher erreicht werden, Unterlattungen im Traufbereich des Hauses oder unter Dachpfannen, kann wie bei Erdnestern verfahren werden. Zuerst das Nest mit einem Insektizid besprühen und anschließend der Zugang versperren. Teilweise kann hier eine Nachbehandlung erforderlich sein, weil das Nest eventuell nicht mit einer ausreichenden Menge Insektizid getroffen wurde und sich die Wespen daraufhin einen anderen Ausweg gesucht haben.

Wenn Sie eine Bekämpfung in eigener Regie durchführen, sollte der Oberkörper sowie Hände, Kopf und Nacken geschützt werden. Ein zuverlässiger **Schutz** des Gesichtes wäre nur mit einem Imkerhut

möglich, den man sich eventuell kurz beim örtlichen Imker ausleihen kann.
Haben Sie nicht den nötigen Schutz zur Verfügung oder ist Ihnen das Wespennest schon zu groß und damit die ganze Sache nicht mehr geheuer, wenden Sie sich an Ihren **Schädlingsbekämpfer**, der mit solchen Situationen bestens vertraut ist.

Hornissen

Hornissen (*Vespa crabro*) lassen sich als größte einheimische Wespenart relativ leicht von anderen Wespen unterscheiden. Während die Gemeine und die Deutsche Wespe zwischen 13 und 20 Millimeter messen, erreicht die Hornisse eine Körperlänge von bis zu 35 Millimeter. Ihre im Gegensatz zu den genannten Wespen sehr imposante Erscheinung wird im Flug noch durch ein lautes Fluggeräusch unterstrichen, das sich mit einem lauten Grummeln beziehungsweise Brummen am ehesten beschreiben lässt. Nicht zuletzt aus diesen Gründen haben viele Menschen einen großen Respekt vor einer Hornisse, der aber völlig unbegründet ist, da sie **nicht aggressiv** ist und Menschen auch nicht angreift. Die Hornisse ist sogar **friedfertiger** und berechenbarer als eine Honigbiene.
Sicherlich sticht auch eine Hornisse, wenn sie gezwungen wird, sich verteidigen zu müssen, aber generell kann man auch an ein Hornissennest näher herantreten; dabei sollten jedoch schnelle Bewe-

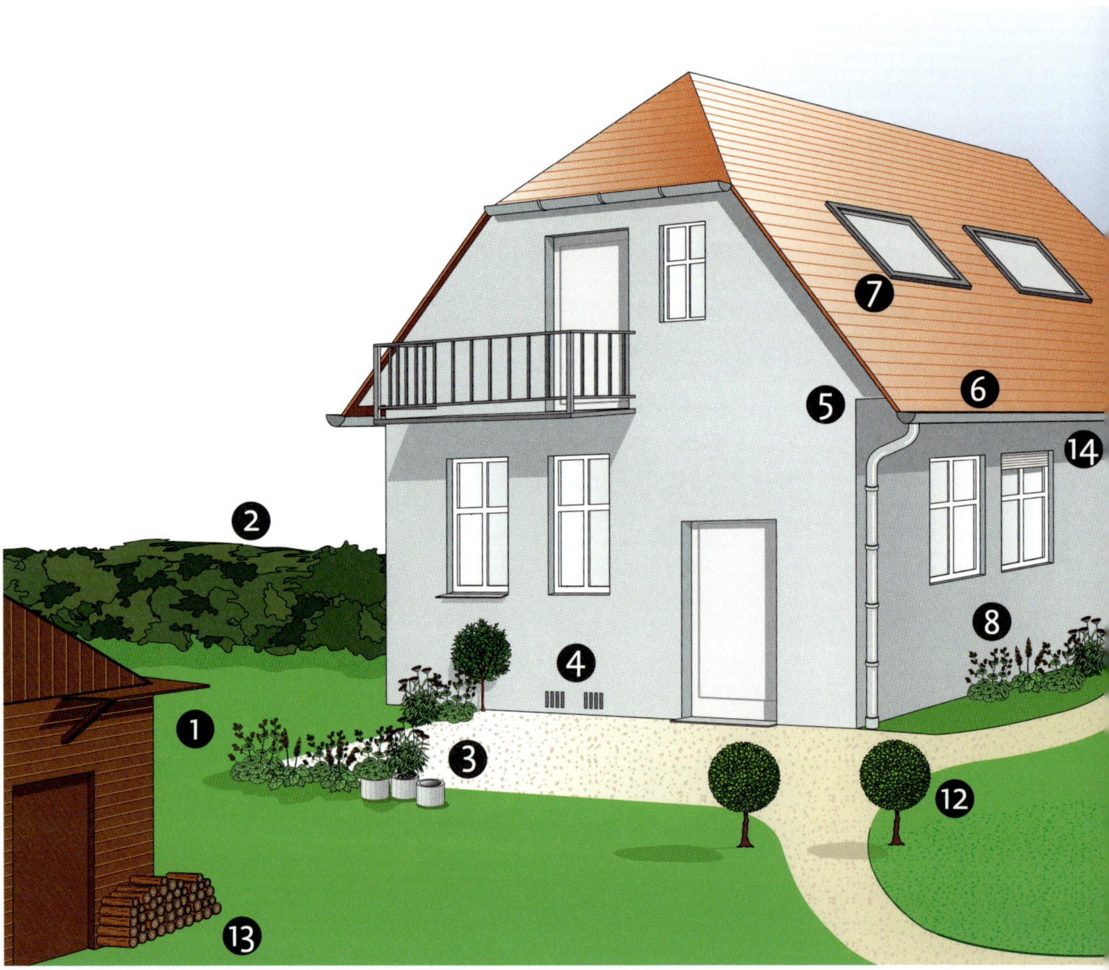

gungen vermieden werden. Bei Erschütterungen des Nestes reagiert ein Hornissenvolk mit einem Ausschwärmen mehrerer Hornissen, die jede Personen anfliegen, die sich vor dem Nest bewegen und mithilfe ihres Stechapparats in die Flucht schlagen.

Zum Teil aus reiner Unwissenheit werden vielerorts regelrechte Horrormärchen über das **Gift** einer Hornisse verbreitet. Und auch ich habe als Kind mehrmals gehört, dass nur wenige Stiche einer Hornisse einen Menschen oder auch ein Pferd töten können. Dabei unterscheidet sich der empfundene Schmerz bei einem Hornissenstich nicht von dem einer anderen Wespenart oder einer Biene. Aber gerade diese Horrorgeschichten haben dazu beigetragen, dass Hornissennester gnadenlos vernichtet wurden, sobald man sie entdeckte. Durch den Vernichtungswahn der Menschen hatte man befürchtet, dass die Hornisse gänzlich aussterben wird, und so wurde sie in die Bundesartenschutzverordnung als „**besonders geschützte Art**" aufgenommen. Bundesweit wurde ihr Bestand dermaßen dezimiert, dass sie noch heute nahezu bundesweit in der „Roten Liste" zu finden ist.

Nur selten können wir **Hornissennester** in besiedelten Bereichen entdecken, wo sie dann meist auf Dachböden, in Nistkästen oder im Mauerwerk zu finden sind. Ihre natürliche Nistumgebung finden Hornissen in Baumhöhlen alter Baumbestände, in die das Nest wie eine Glocke gehängt wird. Von anderen freihängenden Wespennestern ist das Nest einer Hornisse sehr leicht zu unterscheiden, denn es weist nicht wie die anderen Nester ein etwa fingerdickes Flugloch auf, sondern ist unten komplett offen. Die Oberflächenstruktur des Nestes ist grob muschel- oder halbröhrenförmig, wobei die Struktur anderer Wespennester wesentlich feiner und geschlossener ausgearbeitet ist.

Wie auch bei anderen Wespenarten überleben nur befruchtete Weibchen den Winter außerhalb des Nestes, sodass dieses zum Winter hin gefahrlos entfernt werden kann.

Typische Stellen, an denen Wespen in menschlicher Umgebung ihre Nester bauen:
1) im Geräteschuppen/Carport
2) in der Hecke
3) in Pflanzsteinen oder Erdanhäufungen
4) in Lüftungsfugen
5) in Unterschlägen im Traufbereich
6) unter der Dachpfanne
7) unter Kehlblechen und Bleieinfassungen
8) in der Erde von Blumen- und anderen Beeten
9) im Komposthaufen
10) in Baumhöhlen
11) in Nistkästen
12) in dichten Bäumen und Sträuchern
13) im Kaminholzhaufen
14) in Markisen- und Rollladenkästen

Info

Friedfertige Hornissen
Haben sich Hornissen in Ihrer Nähe angesiedelt, besteht absolut kein Grund zur Panik. Hornissen sind wie bereits erwähnt friedfertige Lebewesen, die auch an Ihrer Kaffeetafel keinerlei Interesse zeigen, da sie sich hauptsächlich von Fliegen, Obst und zuckerhaltigem Rindensaft ernähren.

In Ausnahmefällen können Hornissennester auch umgesiedelt werden, wenn die Lage der Nester eine akute Gefahr darstellt. Hilfe hierzu erhält man bei der unteren Naturschutzbehörde, die in der Regel auch über eine Liste von Fachleuten verfügt, die eine Umsiedlung vornehmen können.

Ameisen

Jeder kennt sie, die oftmals kleinen verräterischen Erdhäufchen auf den Fugen der Pflasterwege, Terrassen oder aber auf dem Rasen und in den Gewächshäusern. Werden Ameisen am Anfang kaum eines Blickes gewürdigt, können sie ihr Treiben unbeirrt fortsetzen und unterhöhlen Gehwegplatten und Pflastersteine.
Es stimmt wohl doch, dass der Schuster die schlechtesten Schuhe hat; denn auch bei mir ist die Schmerzgrenze sehr hoch angesiedelt, bevor ich mich an die Bekämpfung der Ameisen mache, die stetig immer mehr Sand auf die Terrassenplatten werfen, den sie unter diesen nicht mehr benötigen. Meist ist das dann auch die Zeit, wenn ich von meiner Frau die „gelbe Karte" bekomme und sie androht, einen Kollegen mit der Aufgabe zu betrauen ... Auch wenn man als Schädlingsbekämpfer oftmals einen anderen Blickwinkel hat, ärgert es mich doch, wenn ich beim Rasenmähen mit dem Mähwerk von Zeit zu Zeit in die kleinen Sandhaufen fahre. Also werden auch dieses Jahr die Ameisen bis auf ein erträgliches Maß bekämpft.
Obwohl die Ameisenbekämpfung für einen Gartenbesitzer ein alter Hut ist, möchte ich trotzdem den einen oder anderen Tipp geben, wie man Ameisen am besten wieder los wird.
Bei Telefonaten mit Kunden, die mir ihr Problem mit Ameisen schildern, frage ich meist nach, wie die Ameisen denn aussehen, worauf sich am anderen Ende der Leitung meist ein Schweigen breit macht. Viele überlegen vielleicht, ob sie überhaupt den Richtigen angerufen haben, da dieser nicht einmal weiß, wie Ameisen aussehen. Wie Ameisen halt, bekomme ich oft daraufhin zu hören. Dabei haben wir allein in Mitteleuropa ungefähr 160 verschiedene Ameisenarten und weltweit wird die Artenvielfalt auf etwa 15.000 geschätzt. Nicht, dass ich mir anmaße, alle bei uns lebenden Ameisen schon durchs Telefon bestimmen zu können, aber einige wenige Arten fallen in der Nähe von uns Menschen immer wieder unangenehm auf, und besitzen auch spezielle Vorlieben für die Anlage ihres Nestes.

Ameisen biologisch betrachtet

Das Aussehen von Ameisen (Formicoidea) ist den meisten sehr wohl bekannt. Erinnern wir uns doch meist an den typischen Insektenkörper mit der Aufteilung in Kopf, Brust und Hinterleib aus dem Biologieunterricht unserer Schulzeit, der auch bei der Ameise deutlich zu erkennen ist. Bei ihr ist der Hinterleib durch den Hinterleibsstiel mit dem Brustsegment verbunden. Der Hinterleibsstiel kann die Form zweier Knoten haben (Knotenameise) oder aber eine Form besitzen, die uns eher an eine Schuppe denken lässt (Schuppenameise). Zu den Knotenameisen gehören beispielsweise die bei uns in Wohnungen vorkommenden kleinen, bernsteinfarbenen Pharaoameisen *Monomorium pharaonis*.
Die drei feingliedrigen Beinpaare sitzen bauchseitig am **Brustsegment**, an dem auch bei männlichen Tieren und zeitweise auch bei den weiblichen Königinnen am Rücken Flügel zu finden sind. An den sich anschließenden **Kopf** fallen die Fühler sowie der kräftig ausgebildete Oberkiefer (Mandibel) auf. Bei näherer Betrachtung können wir erkennen, dass der Fühler aus mehreren kleinen Gliedern besteht, wobei die ersten Glieder in der Regel keulenartig verdickt sind. Weiterhin fällt der Knick, den die Fühler besitzen, sofort ins Auge.

Mit den Fühlern kommunizieren Ameisen miteinander.

Die Fühler sind für die Wahrnehmung der Ameise besonders wichtig. Sie enthalten mehrere Tausend Sinneszellen für die thermische, chemische und auch mechanische Wahrnehmung. Somit sind sie für die Ameise von größerer Bedeutung als die Komplexaugen mit bis zu 1300 Einzelaugen, die sich ebenfalls am Kopf befinden. Unterhalb des kräftigen Oberkiefers befindet sich der Mund der Ameise. Der Oberkiefer dient insbesondere den weiblichen Arbeiterinnen als Universalwerkzeug für ihre in der Kolonie übernommenen Tätigkeiten.

Stechen oder beißen Ameisen? Beides kann richtig sein. Während einige Ameisenarten über einen **Giftstachel** am Hinterleibsende verfügen, besitzen andere Arten dort lediglich eine **Giftdrüse**. Aber auch die stachellosen Ameisen wissen sich zur Wehr zu setzen: Sie setzen bei der Abwehr von Feinden oder beim Erbeuten von Nahrung ihre starken Oberkiefer ein. Mit ihrer Hilfe fügen sie ihrem Gegner zunächst eine Verletzung zu, in die sie durch den unter der Brust nach vorne gebogenen Hinterleib die in der Giftdrüse produzierte **Ameisensäure** spritzen.

Auf kleinere Tiere wirkt die Ameisensäure stark zerstörend, beim Menschen können je nach Ameisenart und Empfindlichkeit des menschlichen Körpers ein brennender Schmerz und Hautreizungen hervorgerufen werden. Dies hat höchstwahrscheinlich jeder von uns schon einmal zu spüren bekommen.

War das eine Show, als sich ein Bekannter nach dem Sport zum Verschnaufen rücklings auf seinen abschüssigen Rasen legte. Er hat nicht lange gebraucht, um festzustellen, dass sich genau an jener Stelle Ameisen niedergelassen hatten. Und der anschließende „Tanz“ auf dem Rasen war einfach genial.

Das Ameisenvolk

Ameisen leben als staatenbildende Insekten in einer ausgeprägten Sozialstruktur in einem Nest oder einer Kolonie zusammen. Das Zusammenleben der oft weit über 100.000 Tiere in einer Kolonie ist dabei strikt geregelt, und die unterschiedlichen Aufgaben werden zum Teil auch von unterschiedlichen Individuengruppen wahr genommen. So finden wir in dem Staat die weiblichen, flügellosen und nicht fortpflanzungsfähigen **Arbeiterinnen**, die die eigentliche Stütze der Kolonie sind. Die Arbeiterinnen stellen die größte Gruppe innerhalb einer Nestanlage. Sie haben neben dem Ausbau des Nestes noch die Aufgabe, die Brut zu pflegen, die Kolonie zu verteidigen und auch die Versorgung mit Baumaterial und Nahrung sicherzustellen.

Männliche Tiere, die meist deutlich größer sind als die Arbeiterinnen und auch Flügel besitzen, haben nur die Aufgabe, die **Königinnen** zu befruchten. Sie nehmen keine Aufgaben innerhalb des Nestes wahr.

Zur Schwärmzeit, die abhängig von der Ameisenart zwischen Juni bis August stattfindet, verlassen die männlichen Ameisen sowie die ebenfalls geflügelten Königinnen das Nest, um sich außerhalb mit den männlichen Ameisen zu paaren. Anschließend fliegen die Königinnen entweder in das Mutternest zurück oder an einen anderen Ort, um eine neue Kolonie zu gründen (Ausbreitungsflug). Dort werfen sie dann auch ihre Flügel ab. Die männlichen Ameisen sterben meist kurz nach der Begattung der Königin.

Nicht alle Ameisenarten führen einen Hochzeitsflug durch. Bei einigen Arten findet die Begattung auch innerhalb des Nestes statt. Die befruchtete Königin beginnt daraufhin mit dem **Eier** legen und umsorgt ihre Brut. Später wird diese Aufgabe von den Arbeiterinnen übernommen, während die Königin nur noch Eier legt.

Innerhalb kürzester Zeit entwickeln sich aus den Eiern die **Larven**, die von den Arbeiterinnen ständig umsorgt werden. Sie werden mit Nahrung versorgt, einem verdauten Nahrungsbrei aus dem Kropf der Arbeiterinnen, und innerhalb der Nestanlage hin- und hertransportiert, immer zu dem Ort, der für die Entwicklung der Larven das optimale Klima in Bezug auf Temperatur und Luftfeuchtigkeit bietet.

Ernährung

Bei der Nahrungssuche kann der Ameise die starke Sozialstruktur innerhalb des Volkes von großem Vorteil sein. Da ihre Nahrung auch aus erbeuteten Tieren besteht, sind sie in der Lage, zu mehreren auch größere Tiere zu überwältigen, mit der eine Arbeiterin alleine überfordert wäre. Neben dem **räuberischen Treiben**, durch das bis zu 40 % aller Spinnen, Fliegen und Zikaden aus dem belaufenden Rasenbereich den Arbeiterinnen zum Opfer fallen können, dient auch Aas den Ameisen als Nahrung.

Am erstaunlichsten und auch leicht an eigenen Bäumen und Sträuchern zu beobachten sind die von den Ameisen eingegangenen Pflegebeziehungen mit Pflanzensaft saugenden Tieren, wie zu Beispiel den Blatt- und Schildläusen. Von ihnen erhalten sie den **Honigtau**, das von den Ameisen sehr begehrte, ausgeschiedene, süße Stoffwechselprodukt der Läuse. Als Gegenleistung beschützen die Ameisen die oft wehrlosen Tiere oder tragen sie auch mal zu anderen Standorten.

Ameisennester

Ameisen legen ihre Nester hauptsächlich an **geschützten Stellen** an, die in den Sommermonaten meist einer starken Sonneneinstrahlung ausgesetzt sind. Nur dadurch erreichen sie Temperaturen von 22 bis 32 °C (je nach Ameisenart), die für die Entwicklung der Brut benötigt werden. Und so finden wir Ameisennester in der Erde, unter Steinen, im Mauerwerk, im morschen Holz oder in Holzkonstruktionen, zum Teil auch in anderen Materialien. Die erstgenannten Neststandorte bieten den Vorteil, dass sie die Wärme noch eine längere Zeit speichern und diese an das Nest abgeben, wenn die Sonne schon nicht mehr scheint.

Ameisen sind bestrebt, das **Klima** innerhalb des Nestes relativ konstant zu halten. Hierzu dienen ihnen auch die zahlreichen Gänge und Kammern, die von ihnen in mehreren Etagen in die Erde gegraben werden.

Das in meinen Augen bemerkenswerteste Nest habe ich bei einem Kunden zwischen aufgestapelten Styroporplatten gefunden, die der Wärmeisolierung dienen sollten. Über drei bis vier Platten hinweg hatten die Ameisen ihre Gänge in das Material gearbeitet und im Styropor ein erstaunliches, schwammartiges Werk hinterlassen. Ich glaube, in punkto Nestklima konnten sie kaum ein idealeres Material finden.

Charakteristisch für ein Ameisennest ist die feine Erde, die um das Nest herum verteilt ist.

Die Schwarzgraue Wegameise

Die am häufigsten vorkommende, sehr anpassungsfähige Schwarzgraue Wegameise (*Lasius niger*) ist häufig in der Nähe von Häusern und Wegen zu finden. Die 3 bis 5 Millimeter großen, schwarzbraun gefärbten Arbeiterinnen, die zur Nahrungssuche „ausschwärmen", fallen zunächst kaum auf. Hat das Volk aber eine gewisse Größe erreicht, ist ihr Treiben kaum noch zu übersehen. Entgegen einiger anderer Ameisenarten ist in dem Nest der Schwarzgrauen Wegameise nur eine **Königin** anzutreffen, mit dessen Tod auch die Kolonie zugrunde geht.

Wer jetzt denkt, dass die paar, teilweise nur vereinzelt zu entdeckenden Ameisen doch nicht so schlimm sind, der sollte Folgendes bedenken: Eine sich im Aufbau befindliche Kolonie verfügt wahrscheinlich über einige Hundert Arbeiterinnen im ersten Jahr. Im zweiten Jahr ihres Bestehens können es schon einige Tausend Arbeiterinnen sein, deren Anzahl stetig steigt. In zehn Jahren können dann bis zu 100.000 Tiere ihre Terrasse bevölkern. In zehn Jahren? Ja, in zehn Jahren, denn die Königin der Schwarzgrauen Wegameise kann **bis zu 28 Jahre** alt werden. Das hört sich für mich nach einer langen Nachbarschaft und einigen untergrabenen Gehweg- oder Terrassenplatten an, wenn die Ameisen nicht bekämpft werden.

Ameisen kurzzeitig bekämpfen

Bei einer Ameisenbekämpfung muss das Ziel sein, das komplette Nest inklusive der Königin abzutöten. Häufig werden nur die Arbeiterinnen mit einem **Insektizid** getötet, die außerhalb des Nestes unterwegs sind. Dadurch kann der Befall zwar vorerst augenscheinlich getilgt sein, aber das nicht Vorhandensein von Arbeiterinnen bedeutet nicht, dass eine Kolonie bekämpft wurde. Das Volk hat die Möglichkeit, diesen Verlust schnell wieder auszugleichen, und das Spielchen beginnt von vorn.

Zeitweise kann es aber durchaus sinnvoll sein, Ameisen mit Insektizid-Sprays aus einem bestimmten Bereich für kürzere Zeit fernzuhalten. Zum Beispiel hatten Ameisen das Büffet bei einer Hochzeitsfeier schon vor dem offiziellen Teil eröffnet. Hier konnten die Ameisen durch das Besprühen der Tischbeine zumindest für die Dauer der Festlichkeiten ferngehalten werden.

Ameisen dauerhaft bekämpfen

Klassisch werden Ameisen auf Terrassen und Gehwegen mit speziellen **Ameisen-Streu- oder Gießmitteln** bekämpft. Bei dieser Art der Bekämpfung werden der Eingangsbereich der meist deutlich zu lokalisierenden Nester sowie die Laufwege der Arbeiterinnen mit dem Ameisenmittel bestreut. Da diese Mittel unter anderem auch als Fraßgifte wirken, werden sie von den Arbeiterinnen ins Nest getragen und dort an andere Arbeiterinnen, an die Brut und an die Königin verfüttert. Somit kann beim Einsatz von Ameisenstreu davon ausgegangen werden, dass die Königin und somit das Nest nach kurzer Zeit getilgt ist. In der Regel lassen sich die handelsüblichen Präparate gemäß den Herstellerangaben auch in Wasser auflösen und bequem mit der Gießkanne oder einer Gartenspritze ausbringen.

Wichtig

Achtung!
Ameisen-Streu- und Gießmittel haben auch für viele weitere Insekten eine giftige Wirkung, auch für zahlreiche Nützlinge.

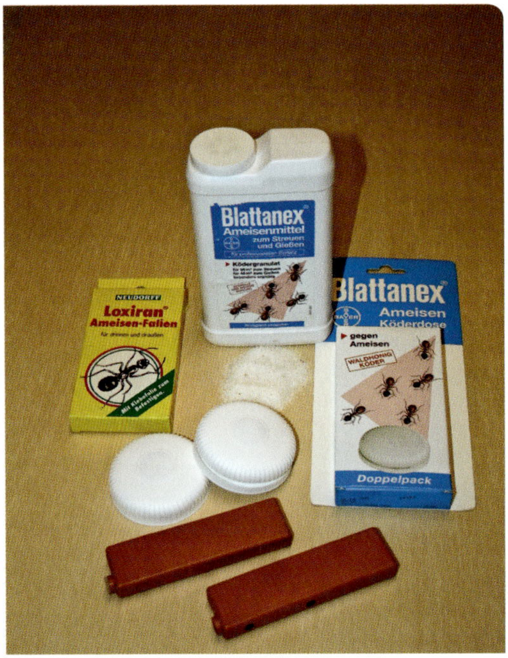

Im Fachhandel sind unterschiedliche Ameisenbekämpfungsmittel erhältlich.

In den Fällen, in denen die Ameisennester nicht auszumachen sind, können die Laufwege der Arbeiterinnen auch mit handelsüblichen **Ameisenköderdosen** bestückt werden. Zum Schutz der Köderdosen im Freien können Sie Blumentöpfe oder Ähnliches über die Köderstelle stellen.
Wird dieser Köder, der oft auf der Basis von Honig hergestellt wird, von einer Arbeiterin entdeckt, werden ihre Artgenossen durch das Hinterlassen von Lockstoffen auf den Laufwegen zur Nahrungsquelle geführt. Eine Ameisenstraße entsteht. So ist das vermehrte Auftreten von Ameisen, um eine neu aufgestellte Köderdose ein gutes Zeichen und sollte nicht falsch interpretiert werden.
Können Sie nach einiger Zeit an der Stelle keine Ameisen mehr beobachteen, sollten Sie die Köderdosen nicht gleich entfernen. Eventuell wurde bis dahin nur der „Außendienst“ des Ameisenvolks getilgt und diese Arbeit wird bald von anderen Arbeiterinnen übernommen.
Generell sollte bei der Anwendung von Köderdosen eine längere Standzeit des Köders und somit auch eine längere Bekämpfungszeit einkalkuliert werden.

Die Rote Waldameise

Bei der Roten Waldameise handelt es sich um eine streng geschützte Spezies. Aber selbst geschützte Arten können manchmal zu einem Problem werden, etwa wenn sie in waldnahen Gebieten den Vorgarten eines Hauses als neuen Lebensraum ausgewählt haben. Ob in dem einen oder anderen Fall eine Umsiedlung stattfinden darf und wer diese vornimmt, kann bei der **Unteren Naturschutzbehörde** erfragt werden.
Weiterhin steht Ihnen auch die **Deutsche Ameisenschutzwarte e.V.** (www.ameisenschutzwarte.de), die sich dem Schutz der einheimischen Ameisenarten verschrieben hat, mit Rat und Tat zur Seite.

Störenfriede Schnecken

Letztendlich bin ich nicht der passionierte Gemüsegärtner, der sein Gemüse im Garten selbst anbaut. Ich habe herausgefunden, dass ich für diese Art der Gartentätigkeit keinen „grünen Daumen" besitze. Zudem habe ich auch den Kampf gegen die Schnecken verloren, die sich meinen angebauten Salat haben schmecken lassen, noch bevor ich überhaupt ans Ernten denken konnte. Selbst Pflanzen, die die Schnecken nicht angefressen haben, wiesen einen schleimigen Überzug auf. So gab ich aus Mangel an Erfolgen den Anbau meines eigenen Gemüses auf, auch wenn mein „Siedlerstolz" dadurch einen kleinen Knick bekommen hatte. Damit konnte ich leben. Als die Schnecken sich dann aber auch noch über meine Blumen hermachten, habe ich ihnen endgültig den Kampf angesagt. Aber wie wird man Schnecken, die sich in einem Garten sichtlich wohl fühlen, wieder los, bevor auch die Blumen nur noch einen äußerst traurigen Anblick bieten? Diese Frage musste auch ich mir stellen und habe daher die einzelnen Bekämpfungsmethoden gegeneinander abgewogen.

Beim Vergleich der einzelnen Methoden ist es sehr hilfreich, sich auch ein wenig mit der Biologie und der Lebensweise der Schnecken zu beschäftigen. Dadurch kann die Wirksamkeit alternativer Methoden zu chemischen Bekämpfungsmitteln besser eingeschätzt werden.

Schnecken biologisch betrachtet

Schnecken haben im Laufe der Entwicklungsgeschichte den „Sprung" aus dem Wasser ans Land geschafft, und ihre Kiemen haben sich zu Lungen umgewandelt. Wenn auch die Schnecken vom Wasser ans Land gekommen sind, ist der **Wasserhaushalt** der Schnecke, auch Millionen Jahre später, bis heute ihr größtes Problem. Denn in der ganzen Zeit ist es der Schnecke nicht vergönnt gewesen, eine Haut zu entwickeln, die sie vor Austrocknung schützt.

Der ganze Aktivitätsrhythmus der Schnecke wird daher so ausgerichtet, dass sie nicht Gefahr läuft, während der Nahrungssuche auszutrocknen. Nur **Gehäuseschnecken** können sich aktiv vor Austrocknung schützen, wenn sie sich in ihr Schneckenhaus zurückziehen und dieses vorne dicht verschließen. **Nacktschnecken** hingegen können nur in einem entsprechenden Unterschlupf Trockenperioden überstehen. Schnecken überstehen heiße und trockene Zeiten meist in Erdspalten, in denen sie sich verkriechen. Sie sind aber nicht in der Lage, selbst zu graben. Wegen der Gefahr der Austrocknung verlassen Nacktschnecken auch meist erst nachts ihren Unterschlupf. Der sich dann bei Absinken der Temperaturen und des wärmespeichernden Bodens bildende Tau sowie das nicht Vorhandensein der Sonne kommt der Schnecke bei ihren Aktivitäten sehr entgegen. Beträgt dann noch die Temperatur zwischen 15 und 20 °C, bestehen für die Nacktschnecke optimale Bedingungen. Aber auch am Tage können Schnecken bei optimalen Bedingungen, also wenn es feucht und kühl ist, aktiv werden und auf Nahrungssuche gehen.

Für ihre Fortbewegung produziert die Nacktschnecke am vorderen Sohlenende mittels einer Drüse den benötigten, bei den Hobbygärtnern ebenfalls

Biologie

Schnecken

Stamm: Weichtiere (Mollusca)
Klasse: Schnecken (Gastropoda)
Unterklasse: Lungenschnecken (Pulmonata)
Ordnung: Landlungenschnecken (Stylommatophora)

Info

Lebensnotwendiges Wasser

Eine Schnecke, die zu 85 % aus Wasser besteht, benötigt ständig Wasser. Dieses nimmt sie durch die Haut, über die Nahrung oder durch Trinken auf, um sich vor Austrocknung zu schützen.

sehr unbeliebten Schleim. Während der Vorwärtsbewegung wird der Schleim dann zu der allseits bekannten Schleimspur abgeflacht. Ohne den Schleim, einer viskosen Flüssigkeit, die zu 98 % aus Wasser besteht, ist die Schnecke nicht in der Lage, sich fortzubewegen. Zwar benötigt sie auch die Längs- und Quermuskeln, die bei der Vorwärtsbewegung eine wellenförmige Bewegung erzeugen und die ganze Bauchhöhle umgeben, aber dennoch ist der selbst produzierte Schleim unerlässlich. Gerät eine Schnecke bei ihrer Nahrungssuche auf einen Untergrund, der Feuchtigkeit sehr gut aufnimmt und somit auch den Schleimfilm schnell aufsaugt, wird eine Schnecke höchstwahrscheinlich die Richtung wechseln, bevor ihr Flüssigkeitshaushalt unter diesen Extrembedingungen einen Schaden nimmt. Die Große Wegschnecke etwa kann den Verlust von etwa einem Fünftel ihres normalen Wassergehalts oftmals nicht überleben.

An anderen Stellen ist vielfach zu lesen, dass die Schäden der Gehäuseschnecken meist nicht ins Gewicht fallen und der eigentliche Feind des Gärtners die Nacktschnecke ist. Aus diesem Grund möchte ich vorerst nur auf diese Arten eingehen, obwohl ich in meinen Garten fast nur Gehäuseschnecken beherbergt hatte, die meine Blumen ganz armselig haben aussehen lassen.

Sicherlich sind fast jedem **Nacktschnecken** bekannt. Bei einer genaueren Beobachtung lassen sich die einzelnen Körpermerkmale ohne große Mühe erkennen. Nacktschnecken besitzen an der rechten Körperseite ein gut sichtbares **Atemloch**, mit dem die Tiere den für sie lebenswichtigen Sauerstoff aufnehmen. Neben der Schleimdrüse am vorderen Sohlenende besitzt die Nacktschnecke am ganzen Körper zusätzliche Schleimdrüsen, die eine Austrocknung verhindern sollen.

Die beiden im Kopfbereich sitzenden **Fühlerpaare** können von der Schnecke bei Gefahr eingezogen werden. In dem längeren Paar, das oben am Kopf sitzt, liegen die Augen der Schnecke, die jedoch nicht besonders gut entwickelt sind. Dafür ist ihr

In vielen Gärten werden Nacktschnecken immer häufiger zu einer regelrechten Plage.

Geschmacks- und Geruchssinn sehr gut entwickelt. Ihre Nahrung, also unsere Blumen und Gemüse, nimmt die Schnecke mit ihrer **Raspelzunge** auf. In ihrer Mundhöhle gleitet die mit unzähligen Zähnen besetzte Zunge, bewegt durch einen Muskel, hin und her und „raspelt" die Nahrung in verdauungsgerechte Stücke. Unbrauchbar gewordene Zahnreihen (durch Abnutzung oder Abbrechen) werden abgestoßen und durch neue ersetzt.

Den wenigsten ist wahrscheinlich bekannt, dass Schnecken **Zwitter** sind. Die einzelnen Geschlechtsphasen bestehen aber nicht gleichzeitig, sondern laufen nacheinander ab. So durchläuft eine Schnecke immer zuerst die männliche Phase, im Anschluss daran dann die weibliche Phase. Bei einer Paarung, die mit einem Vorspiel beginnt, paaren sich zwei Männchen. Die Samen des jeweiligen Geschlechtspartners werden anschließend in speziellen Organen gespeichert, und dienen der Befruchtung der eigenen, in der anschließend weiblichen Phase ausreifenden Eier.

Schnecken können sowohl im Sommer als auch zum Winter hin **Eier** ablegen. Sie werden bei den meisten Schadschnecken in Gelegen mit bis zu 200 Eiern in die Erde gelegt. Die Entwicklungsdauer der Eier ist sehr stark von der Umgebungstemperatur abhängig. Eier, die zum Winter hin abgelegt werden, brauchen bis zu vier Monate, bis sie vollständig entwickelt sind, während Eier der gleichen Schneckenart, die im Sommer abgelegt werden, nur zwei bis vier Wochen zur Entwicklung benötigen.

Die wichtigsten Schädlinge

Zu den bei Gärtnern bekanntesten **Nacktschnecken** zählt die **Spanische Wegschnecke** (*Arion lusitanicus*) sowie die **Große Wegschnecke** (*Arion ater*), die aber immer mehr von der Spanischen Wegschnecke verdrängt wird. Rein äußerlich können nur Fachleute diese beiden Arten sowie auch die bei uns schädigend auftretende **Braune Wegschnecke** (*Arion subfuscus*) auseinanderhalten. Die Spanische Wegschnecke, die sich im vergangenen Jahrzehnt immer mehr bei uns ausgebreitet hat, zeichnet sich durch eine höhere Toleranz gegenüber Trockenheit aus. Auch ist sie deutlich mobiler als die einheimischen Arten und weniger ortstreu. Sie legt größere Wanderungen als die Große Wegschnecke zurück und erschließt sich dabei neue Nahrungsfelder. Die 5 bis 10 Zentimeter lange Schnecke besitzt eine sehr vielfältige Farbvarianz von Rot über Rotbraun und Braun bis Braunschwarz. Das im vorderen Körperbereich deutlich abgesetzte Mantelschild ist feinkörnig, während der restliche Körper eher runzlig wirkt.

Die **Garten-Wegschnecke** (*Arion hortensis*) gehört mit ihrer Körperlänge von 2,5 bis 4 Zentimeter mit zu den kleinsten Vertretern unter den schädlichen Nacktschnecken. Ihre Farben reichen von Blauschwarz bis Schwarz, wobei ihre Sohle gelblich bis orange gefärbt ist.

Die Letzten im Bunde schädlicher Nacktschnecken sind die 3,5 bis 5 Zentimeter langen **Ackerschnecken** (Familie Agriolimacidae) mit ihrer netzartigen, braunen bis dunkelbraunen Zeichnung auf dem gelblich weißen, schiefergrauen bis braunen Körper. Diese netzartige Zeichnung kann auch ganz fehlen. Die Hautoberfläche wirkt fein strukturiert und nicht runzelig, wobei sich das Mantelschild deutlich vom Keil der Schnecke abhebt und bis zur Mitte des Körpers reicht.

Bei den **Gehäuseschnecken** können die **Garten-** und die **Hainschnirkelschnecke** *Cepaea hortensis* und *Cepaea nemoralis* zu Schäden im Garten führen. Ihr Schneckenhaus kann sehr unterschiedlich in den Färbungen sowie in der Bänderung ausfallen. Meist sind sie glänzend leuchtend gelb und schwach, sehr unregelmäßig gestreift. Das Schneckengehäuse ist maximal 17 x 20 Millimeter groß, wobei die Gehäuse der Hainschnirkelschnecke noch etwas größer ausfallen. Die Gehäuse beider Schneckenarten wirken kugelförmig gedrückt.

Zu guter Letzt möchte ich auch noch die **Weinbergschnecke** (*Helix pomatia*) erwähnen, auch weil ich ihr viele entstellte Blumen zu verdanken habe. Zwar ist die Weinbergschnecke mit ihrem bis zu 50 x 50 Millimeter großen, dickwandigen und recht kugelig wirkenden Schneckengehäuse in einigen Gebieten so gut wie nicht mehr anzutreffen, weil sie eine Delikatesse darstellt und in sehr großer Zahl aufgesammelt wurde; dennoch hat sie mich zur Verzweiflung getrieben. Da die Weinbergschnecke in vielen Ländern wegen der vorangegangenen gna-

Schon durch einfache Mittel lassen sich Nacktschnecken erfolgreich eindämmen.

denlosen Verfolgung unter Artenschutz steht und in Deutschland zu den besonders geschützten Arten gehört, habe ich mich mit dem „nur Absammeln begnügt".

Ernährung

Durch ihren gut ausgebildeten Geruchssinn sind Schnecken in der Lage, ihre Nahrung über weite Distanzen aufzuspüren. Dabei konnte bereits vielfach beobachtet werden, dass bereits beschädigte Pflanzen eher aufgesucht wurden als unversehrte. Schnecken lieben bei der Nahrungsaufnahme **Vielfalt**. So fällt das Nahrungsspektrum der einzelnen Schneckenarten sehr unterschiedlich aus und reicht von Keimlingen und anderen Grünpflanzenstadien, Blättern, Obst, Pilzen sowie totem organischen Material bis hin zu toten Artgenossen und Aas. Dabei können einige Schneckenarten in einer Nacht bis zu 50 % ihres eigenen Körpergewichts an Nahrung aufnehmen.

Untersuchungen haben gezeigt, dass Schnecken, die einseitig ernährt wurden, in ihrer Entwicklung Verzögerungen aufweisen.

Schnecken bekämpfen

Ich nehme an, dass jeder, der einen Garten pflegt, so seine eigene Strategie zur Eindämmung der Schnecken verfolgt, die mal mehr oder weniger zum Erfolg führt. Ich möchte an dieser Stelle Bekämpfungsmethoden aufzeigen, die vielleicht schneller zum Erfolg führen. Vielleicht stellt auch die Kombination aus verschiedenen Methoden eine ideale Lösung für Sie dar.

Bodenpflege

Schnecken sind nicht in der Lage, sich bei Trockenheit zu vergraben. Dann müssen sie Erdspalten nutzen, die sich ihnen im Boden anbieten. Somit kann eine Bodenpflege, die genau dieser Versteckmöglichkeit entgegenwirkt, eine Schneckenplage verhindern. Wird der Gartenboden regelmäßig **gelockert**, bilden sich keine Versteckmöglichkeiten für Schnecken, denn in die eventuell entstehenden Löcher fällt lockere Erde. Der Idealzustand ist erreicht, wenn in einer Faust zusammengepresste Erde nach dem Öffnen derselben wieder in kleine Partikel auseinanderfällt.

Sollte Ihr Boden trotz gewissenhafter Lockerung nicht das beschriebene Bild aufweisen, kann mit selbst hergestellter Komposterde aus pflanzlichen und tierischen Abfallprodukten oder mit gekauftem Rindenkompost die **Bodenstruktur verbessert** werden.

Ist die Ernte eingebracht, sollten alle **Pflanzenreste** aus den Beeten entfernt werden, damit sie keine weiteren Schnecken anlocken, die dann im Boden überwintern. Um auch dieses zu verhindern, sollte der Boden nach dem ersten Frost, wenn die Schnecken inaktiv geworden sind oder sich nur noch Schneckeneier im Boden befinden, **tiefengelockert** werden. Durch diese Maßnahme können Sie die Verstecke der Schnecken und deren Eier zerstören, sodass diese den Winter nicht überleben.

Tipp

Schlafplätze anbieten

Für künstliche Schneckenverstecke eignen sich Tontöpfe, die mit der Öffnung nach unten auf dem Boden gestellt werden, sowie Wellpappe, Steinplatten, Holzbretter oder aber auch ein Jutesack. Diese Gegenstände können Sie einfach in das Beet legen. Die Schnecken werden das Angebot eines Unterschlupfs in der Nähe der Nahrungsquelle dankend annehmen und sich in oder unter dem bereitgestellten Schlafplatz einfinden, wo Sie sie dann nur noch am Tag absammeln müssen.

Schnecken absammeln

Im Frühjahr können Sie auch Küchenabfälle als **Köder** auslegen, die Sie häufchenweise in den Beeten aufschichten. Dann müssen Sie die Schnecken nur noch frühmorgens oder abends absammeln. Weil gerade Köder, die aus Zitrusfrüchten, Küchen- oder Ernteabfällen bestehen, eine sehr hohe Lockwirkung besitzen, sollten die Köder nicht länger als zwei bis drei Nächte ausgelegt werden. Ansonsten locken Sie Schnecken aus einer größeren Entfernung in Ihren Garten.

Die Schnecken können Sie entweder **mit der Hand** absammeln oder Sie bedienen sich dazu einer **Schneckenzange** (es gibt sogar Modelle mit einer Taschenlampenhalterung). Wer sich ersparen möchte, frühmorgens auf Schneckenjagd zu gehen, der kann künstliche Schlafplätze erschaffen, aus denen die Schnecken auch am Tage abgesammelt werden können.

Gefangene Schnecken sollten anschließend mit **siedendem Wasser** übergossen werden, weil diese Methode die Schnecken binnen Sekunden tötet.

Bierfalle

Sie sind jedem Hobbygärtner ein Begriff und können mit einfachen Mitteln selbst hergestellt werden. Dazu benötigen Sie nur einen Plastikbecher oder eine leere Konservendose, die Sie bis auf einen kleinen Rand, der 2 bis 3 Zentimeter aus der Erde herausragt, eingraben. Der aus dem Boden herausragende Rand dient dazu, dass keine Gartennützlinge in die Falle hineinlaufen. Nach dem Eingraben wird die Falle bis zur Hälfte mit Bier gefüllt.

Die Wirkung der Falle ist (leider) sehr gut. So können und werden Schnecken aus den Nachbargärten, Hecken oder anderen Bereichen angelockt und die Anzahl der Schnecken in den eigenen Beeten wird nicht weniger werden. Deshalb empfiehlt es sich, die Fallen am Rande der zu schützenden Beete einzusetzen, damit die Schnecken nicht erst den Weg über das Beet nehmen müssen, um an die Falle zu kommen. Beim Überqueren des Beetes könnte es sich ja die eine oder andere Schnecke noch einmal anders überlegen und doch an Ihren heiß geliebten Pflanzen Halt machen.

Kombiniert mit einem **Schneckenzaun** können die Fallen ein umzäuntes Areal leer fangen, wenn darin die Schnecken schlüpfen.
Im Fachhandel werden Bierfallen mit Dach angeboten, damit der Regen das Lockmittel (Bier) nicht verdünnt oder es bis zum Rand auffüllt. Dann würden sich die Schnecken nämlich nur ein „Schlückchen" genehmigen und von dannen ziehen.

Schneckenzaun

Eine Möglichkeit, sich die ungeliebten Vielfraße vom Hals zu halten, besteht in der Installation eines Schneckenzauns. Im Fachhandel werden verschiedene Modelle aus verzinktem Blech, Hartplastik und einem speziellen Betonstein angeboten. Das **Funktionsprinzip** eines Schneckenzauns basiert darauf, dass die obere Kante soweit abgewinkelt und oftmals noch mit einer oder mehreren „Zackenreihe oder Spitzen" versehen ist, dass er von einer Schnecke nicht überwunden werden kann. Schnecken, die versuchen diesen Zaun zu überwinden, werden umkehren oder an der abgewinkelten Kante herunterfallen, wobei sie dann stets außerhalb des Gemüsegartens landen.

Mit einem Schneckenzaun sind Ihre Beete sicher vor einer Schneckenplage geschützt.

Schneckenzäune lassen sich einfach montieren, jederzeit erweitern oder auch wieder entfernen.
Mit etwas Geschick können Sie aus engmaschigem Maschendraht Schneckenzäune auch selbst bauen. Bei einer Maschenweite von 3 Millimeter und mit einer um 45° abgewinkelten Oberkante wird auch diesen Zaun keine Schnecke überwinden können.
Im Fachhandel werden ebenfalls verschiedene **elektrische Modelle** von Schneckenzäunen angeboten, die mit einer Batterie betrieben werden. Zum einen können Sie kleine stromführende Zäune erstehen, die mithilfe von mitgelieferten Stäben aufgestellt werden, oder Sie entscheiden sich für Bänder mit einer eingearbeiteten Leiterbahn. Dieses letztgenannte Modell macht aber einen kleinen Zaun erforderlich, zum Beispiel aus Brettern, auf dem das Band befestigt wird. Schnecken, die versuchen einen elektrischen Schneckenzaun zu überwinden, bekommen einen ungefährlichen Stromschlag, der sie zur Umkehr bewegt oder sie veranlasst, sich sofort fallen zu lassen. Das einzige Manko bei einem elektrischen Schneckenzaun liegt in der Gewährleistung einer ununterbrochenen Stromversorgung. Eventuell wird das Erschlaffen einer Batterie nicht rechtzeitig bemerkt oder es entsteht ein Kurzschluss durch Überbrücken der Leiterbahn. Dann ist solch ein Schneckenzaun kein unüberwindbares Hindernis mehr.
Auf jeden Fall sollten Sie auch bedenken, dass Schnecken ihre Eier im Boden ablegen und dass sich Schnecken trotz eines rechtzeitig aufgestellten Schneckenzauns in dem Beet befinden können. Diese wurden schlichtweg eingesperrt. Aber mit Absammeln oder dem Einsatz einer Fall bekommen

Sie auch dieses Problem leicht in den Griff, denn es können ja keine mehr „nachrücken".

Weitere Barrierentypen

Neben gekauften Barrieren wie Schneckenzäune können Sie Schnecken auch mit einfachen **Wanderbarrieren** von bestimmten Bereichen fernhalten. Eine Rasenfläche, die sich in einer Breite von 4 Meter um einen zu schützenden Bereichen zieht, wird eine Schnecke nachts nicht überwandern. Wird jedoch die Rasenfläche auf 3 Meter reduziert, ist der Schutz nicht mehr gegeben.

Wer nicht ausreichend Platz dafür zur Verfügung hat, kann auf einen 1 bis 1,5 Meter breiten Schutzstreifen aus Eichenrinde oder Thujaschnitt zurückgreifen, der bis zu einem Jahr Schutz vor Zuwanderung bietet. Bei fortschreitender Zersetzung verlieren Eichenrinde und Thujaschnitt an Wirksamkeit. Kostengünstiger sind Sägespäne. Diese sollten Sie in einer Mindeststärke von 5 bis 10 Zentimeter auf einer Breite von mindestens 80 Zentimeter ausstreuen. Bei Regen jedoch verliert die Sägespänebarriere ihre Wirksamkeit, sodass sie dann abgedeckt werden sollte. Ebenso verhält es sich mit Wanderbarrieren, die aus Ruß, Kalk oder feinem Sand bestehen. Nur wenn sie trocken sind, „saugen" sie den Schleim der Schnecke auf und zwingen sie so zur Umkehr.

Eine Barriere ganz anderer Art kann sich jeder Gartenliebhaber mit ein wenig handwerklichem Geschick aus Regenrinnen bauen. Die Regenrinnen werden so zusammengesteckt, dass sie den Bereich umschließen, in dem die Schnecken auf keinen Fall erwünscht sind. Eingegraben in der Erde und mit Wasser gefüllt, haben die Regenrinnen die Funktion eines **Wassergrabens**, der von den Schnecken nicht überwunden werden kann. Sie sollten jedoch darauf achten, dass die am Rande ihres Wassergrabens stehenden Pflanzen keine „Brücken" über den Graben bilden. Wer sich beim waagerechten Versenken der Regenrinnen in der Erde ein wenig schwer tut, kann diese auch im 90°-Winkel eingraben. Wird die runde Seite der Regenrinnen zum Gartenrand gerichtet, hält auch diese Variante Schnecken sicher fern.

Schnecken vergrämen

Es gibt unter der Vielzahl der Methoden auch eine, die sicher Schnecken aus dem Garten vertreibt. Sie ist jedoch nicht für jedermann geeignet: die **Schneckenbrühe**. Ein fester Magen und eine unempfindliche Nase ist bei diesem Abwehrmittel kein Muss, aber ein entscheidender Vorteil. Sie werden gleich sehen, warum.

So setzen Sie die Schneckenbrühe an. Sie nehmen etwa 100 Schnecken, die Sie zuvor aus dem Garten gesammelt haben, und übergießen sie mit heißem Wasser. Dann lassen Sie die Brühe so lange stehen, bis der natürliche Zersetzungsprozess einsetzt. Nach ungefähr zehn Tagen geben Sie 5 Liter Wasser zu der stinkenden Brühe hinzu und fertig ist unser Abwehrmittel gegen Schnecken.

Zwar üben frisch getötete Schnecken eine Anziehungskraft auf Artgenossen aus, aber die Schneckenbrühe vertreibt Schnecken sicher. Sie dürfen allerdings kein ganzes Beet mit dieser Brühe übergießen, denn Schnecken, die in dem Beet zu Hause sind, haben nun keine Fluchtrichtung, weil es überall gleich unangenehm für sie ist. Besser ist es, wenn Sie die Brühe in der Mitte des Beetes einsetzen und dann in einiger Entfernung (in etwa 50 Zentimeter) in der Richtung Schneckenköder (Küchen- und Ernteabfälle oder auch Schalen von Zitrusfrüchten) bereitlegen, in die die Schnecken abwandern sollen. Alle drei Tage werden die Stellen, an denen Sie die Brühe ausgießen, und die Ködermaterialien ein Stück weiter in die gewollte Richtung versetzt.

Die Duftmarken der Brühe sollten dicht beieinander liegen, sodass für die Schnecke eine Duftgrenze entsteht, die sie nicht überschreiten mögen. Gießen Sie aber die Brühe nicht auf Pflanzen, die zum Verzehr gedacht sind, denn sie werden dadurch wirklich ungenießbar.

Fraßfeinde einsetzen

Einige Tiere ernähren sich auch von Schnecken. Diese können Sie für Ihre Dienste einsetzen. Neben den Laufenten und Igeln machen auch eine Vielzahl von **Insekten** Jagd auf Schnecken (wie zum Beispiel die Larven von Glühwürmchen, Laufkäfer und Weberknechte). Bieten Sie auch den Insekten einige

Versteckmöglichkeiten in Ihrem Garten, versammelt sich bei Ihnen ein Heer von Schneckenjägern.
Nicht nur auf wirtschaftlichen Nutzflächen, sondern auch im häuslichen Garten haben **Laufenten** Einzug gehalten, und sie gehören im Garten neben Hund und Katze zu den freilaufenden Haustieren. Vor einigen Jahren bin ich noch stehen geblieben, um mir die „komischen Enten" genauer anzuschauen; heute jedoch sind indische Laufenten längst keine Seltenheit mehr.
Als „Wunderwaffe" gegen die Spanische Wegschnecke haben sich die Enten einen Namen gemacht und werden seitdem immer häufiger in privaten Gärten gehalten. Wer sich entscheiden möchte, sich Laufenten anzuschaffen, um ihnen die Arbeit mit den Schnecken zu überlassen, sollte einige Dinge beachten, die ich kurz ansprechen möchte.
Laufenten machen ihrem Namen alle Ehre und benötigen daher auch einen entsprechenden Auslauf. Aus diesem Grund sollte Ihr Grundstück auch einige 100 Quadratmeter messen, damit sich die Enten bei Ihnen wohl fühlen. Als Mindestfläche sollten Sie ihnen **500 Quadratmeter** zur Verfügung stellen. Auch lieben die Enten die Geselligkeit und sollten deshalb mindestens **zu zweit** gehalten werden.
Wenn Sie die Laufenten tagsüber für längere Zeit sich selbst überlassen werden, sollten Sie sich eine Gruppe aus **weiblichen Tieren** anschaffen. Sie verhalten sich ruhiger als wenn in der Gruppe ein Erpel mit von der Partie ist.
Möchten Sie auf keinen Fall, dass die Enten zwischen Ihren empfindlichen Pflanzen in den Beeten umherlaufen, lassen sie sich mit einem recht niedrigen Zaun von etwa 50 Zentimeter Höhe aussperren. Laufenten, die nicht fliegen können, können diesen nicht überwinden.
Auch wenn die Laufenten die Schnecken aus dem Garten tilgen, wird ihnen dieses nicht als Nahrungsquelle ausreichen. Ein **Zufüttern** ist auf jeden Fall erforderlich. Sie können davon ausgehen, dass eine ausgewachsene Laufente etwa 75 bis 150 Gramm Futter am Tag benötigt. Am besten eignet sich spezielles Entenfutter oder aber eine Körnermischung für Geflügel. Da Enten aber eigentlich so ziemlich alles fressen, haben sie auch den Spitznamen „Schwein des kleinen Mannes" erhalten. Nur sollten Ihre Laufenten nicht den ganzen Tag uneingeschränkt Zugang zum Futter haben. Sonst könnten sich die Enten schon morgens das Futter schmecken lassen und würden dann die Jagd auf die Schnecken eventuell ausfallen lassen. Am besten füttern Sie die Enten zwischen 9.00 und 14.00 Uhr, das ist nach der „Schneckenzeit" und zeitig genug vor dem erneuten Einsetzen der Wanderzeit der Schnecken.
Neben dem Futter muss den Laufenten ständig und reichlich **Wasser** zur Verfügung stehen, weil sie sich nach einer Schneckenmahlzeit den Schnabel säubern möchten.
Ansonsten brauchen auch Enten **Zuneigung** und sollten regelmäßig betreut werden. Die Enten danken Ihnen diese Zuneigung, in dem sie bei guter **Pflege** etwa zehn Jahre für Sie auf Schneckenfang gehen.
Neben den Laufenten haben auch **Igel** Schnecken zum Fressen gern. Um einen Igel auf Ihrem Grundstück willkommen zu heißen, sollten Sie ihm eine oder mehrere **Versteckmöglichkeiten** anbieten. Hierzu eignen sich Reisighaufen, dichte Hecken oder Büsche. Igel können sich aber auch unter Gartenschuppen oder Holzstapel ein lauschiges Plätzchen einrichten.
Seine **Nester** baut der Igel hauptsächlich aus Laub, das er zwischen den Ästen platziert. So hält das Nest auch den Herbststürmen stand und fällt nicht auseinander. Wer nicht gerade ein Fan von Reisighaufen im Garten ist und auch keine Büsche oder Hecken besitzt, die einem Igel ein Zuhause bieten

Tipp

Laufenten mieten

Wer sich jetzt allerdings nicht sicher ist, ob Laufenten wirklich etwas für den eigenen Garten sind, weil man auch nicht beurteilen kann, wie viel „Dreck" die Tiere im Garten hinterlassen, der kann sich für einen begrenzten Zeitraum Laufenten mieten. Im Internet lassen sich ganz bequem Enten für die Schneckenjagd buchen.

Auch die viel unscheinbareren Gehäuseschnecken können Pflanzen erheblich schädigen.

könnten, kann sich ein **Igelhaus** in den Garten stellen. Igelhäuser oder auch Igelkuppel können selbst gebaut werden oder im Fachhandel schon fix und fertig mit nach Hause genommen werden.
Bieten Sie unserem heimischen Igel *Erinaceus europaeus* ein Zuhause an, wird auch er Ihnen einige lästige Schnecken aus dem Garten fangen. Igel haben ihre eigene Art mit dem klebrigen Schleim der Schnecke fertig zu werden, den die Schnecken produzieren. Sie rollen die Schnecke über die Erde, bis dem Schleim die Feuchtigkeit entzogen wird und er seine klebrige Konsistenz verliert.

Schneckengift

Das wahrscheinlich bekannteste Mittel gegen unerwünschte Schnecken ist das **Schneckenkorn** oder auch **Schneckenlinsen**. Sollte die Wahl bei der Schneckenbekämpfung auf ein chemisches Produkt fallen, sollten einige Dinge hierzu beachtet werden. Schneckenkorn besitzt eine anziehende Wirkung auf Schnecken, die dann an dem eingearbeiteten Wirkstoff zugrunde gehen. Durch die „Anziehungskraft" des verwendeten Schneckenkorns kann es daher geschehen, das ähnlich wie auch bei der Bierfalle Schnecken in den Garten gelockt werden, die unter anderen Umständen sich nicht hätten blicken lassen.
Weiterhin bewirkt der Wirkstoff **Metaldehyd**, der in den meisten Schneckengiften enthalten ist, bei der Schnecke eine erhöhte Schleimproduktion, die dann in Folge des extremen Flüssigkeitsverlusts eingeht. Kurzum: Nach der Aufnahme des Wirkstoffes hinterlässt die Schnecke eine starke Schleimspur, bis sie dann eventuell auch im Gemüsebeet eingeht. Diese Schnecken müssen später abgesammelt werden, da die Kadaver der Schnecken auf ihre Artgenossen eine zusätzliche Anziehung ausüben. Aufgrund dieser Lockwirkung kann es durchaus sinnvoll sein, die Behandlung auf die Beetränder zu begrenzen.
Möchten Sie sich die starken Schleimabsonderungen ersparen, sollten Sie auf ein Produkt mit dem Wirkstoff **Eisen-III-phosphat** zurückgreifen. Zwar besitzt auch dieses Produkt eine starke Lockwirkung, aber im Gegensatz zu dem Metaldehyd bewirkt Eisen-III-phosphat einen schnellen Fraßstopp. Anschließend zieht die Schnecke sich in ihr Versteck zurück und stirbt dort, allerdings ohne eine extreme Schleimspur zu hinterlassen.
Ein weiterer Wirkstoff, der in Schneckengiften anzutreffen ist, ist das **Methiocab**. Es gehört zu der Gruppe der Nervengifte und zeigt bei der Schnecke durch drehende Muskelbewegungen seine Wirkung. Aber auch für den Menschen ist dieser Wirkstoff nicht unbedenklich, was zu Folge hat, dass bei der Anwendung in Gemüsebeeten, aber auch in der Nähe von Obstbäumen eine Wartezeit eingehalten werden muss, bevor die Ernte ohne Bedenken verzehrt werden kann.

Service

Bezugsquellen

Schneckenzaun, Ameisenköder und Wespenfallen

prime factory GmbH & Co. KG
Abteilung Schneckenprofi
Itzehoer Str. 10
25581 Hennstedt
Tel.: 01805/724632 (14 Cent/Min.)
www.schneckenprofi.de

Schild „Hundekot“

Schilder Schürstedt GmbH & Co KG
Elsestr. 224
32278 Kirchlengern
Tel.: 05223/878446
www.schilderboerse.de

Ultraschallgeräte, Schneckenkorn, Bierfallen, Geruchsstoffe zur Hunde- und Katzenabwehr, Ameisengift, Wühlmausfallen

Gärtner Pötschke
41561 Kaarst
Tel.: 01805/861100
www.poetschke.de

Mückenfalle

Depot West-Süd
Frank Maus
47441 Moers
Tel.: 02841/90321
www.mückenfalle.com

Nistkästen, Katzenabwehrgürtel, Geruchsstoffe zur Marder-, Hunde- und Katzenabwehr und Igelkuppel

SCHWEGLER Vogel- & Naturschutzprodukte GmbH
Heinkelstr. 35
73614 Schorndorf
Tel.: 07181/97745-0
www.schwegler-natur.de

Legeflinte

PURIVOX Saat- und Ernteschutzgeräte GmbH
Hauptstr. 11
76879 Ottersheim
Tel.: 06355/9543-0
www.purivox.com

Bisam-, Marder- und Wühlmausfallen (auch Schussfallen)

KIEFERLE GmbH
Postfach 1252
78241 Gottmadingen
Tel.: 07734/97203
www.kieferle.com

Ultraschallgeräte

KONTEC Tilman Henckell Meldetechnik
Dresdener Str. 14
78333 Stockach
Tel.: 07771/61134
www.marderabwehr.com

Vergrämungsmittel, Duftzäune

Hagopur-Shop
86938 Schondorf am Ammersee
Tel.: 08192/72999-62
www.hagopur-shop.de

Literatur

Bodenschatz, Walter: **Handbuch für den Schädlingsbekämpfer**. Behr's Verlag, Hamburg, 35. Aktualisierung, 2007

Bothe, Carsten: **Bisam Fang**. Verlag Neumann-Neudamm, Melsungen, 1996

Engelbrecht, H., Reichmuth, Ch.: **Schädlinge und ihre Bekämpfung**. Behr´s Verlag, Hamburg, 3. Aufl. 1997

Hespeler, Bruno: **Fuchs und Marder**. BLV, München 2004

Jacobsen, Jens: **Ungebetene Besucher im Haus**. Verlag Eugen Ulmer, Stuttgart, 2008

Loher, Thomas: **Die 13 Gartenplagen**. Verlag Eugen Ulmer, Stuttgart, 2007

Lung, Christa: **Der perfekte Rasen**. Verlag Eugen Ulmer, Stuttgart, 2007

Veser, Jochen: **Pflanzenschutz im Garten**. Verlag Eugen Ulmer, Stuttgart, 2008

Veser, Jochen: **Pflanzenkrankheiten**. Verlag Eugen Ulmer, Stuttgart, 2008

Register

Bildquellen

Blickwinkel.de/McPhoto: Seite 5, 13
Blickwinkel.de/ M.Baesemann: Seite 6
Blickwinkel.de/D. Kjaer: Seite 52
Hecker, Frank: Seite 7, 8, 17, 24, 37, 41, 45, 47, 49 u., 61, 63, 65, 67, 69, 70, 72 o., 77, 84
Limbrunner, Alfred: Seite 34
Mattolat, Corinna: Seite 68
Schwegler Vogel- und Naturschutzprodukte: Seite 11
Westfalia Werkzeugcompany GmbH und Co KG: Seite 59
Die restlichen Fotos stammen vom Autor.
Die Zeichnungen fertigte Helmuth Flubacher, Waiblingen, nach Vorlagen des Autors.

Die in diesem Buch enthaltenen Empfehlungen und Angaben sind vom Autor mit größter Sorgfalt zusammengestellt und geprüft worden. Eine Garantie für die Richtigkeit der Angaben kann aber nicht gegeben werden. Autor und Verlag übernehmen keinerlei Haftung für Schäden und Unfälle.

Bibliografische Information der Deutschen Nationalbibliothek

Die Deutsche Nationalbibliothek verzeichnet diese Publikation in der Deutschen Nationalbibliografie; detaillierte bibliografische Daten sind im Internet über http://dnb.d-nb.de abrufbar.

Wollgrasweg 41, 70599 Stuttgart (Hohenheim)
E-Mail: info@ulmer.de
Internet: www.ulmer.de
Lektorat: Bärbel Oftring, Doris Kowalzik
Umschlagentwurf: Atelier Reichert, Stuttgart
Satz: Sonja Burk, Frankfurt am Main
Druck und Bindung: Friedrich Pustet KG, Regensburg
Printed in Germany

ISBN 978-3-8001-6745-6